PERDÓN BILARDO
PERDÓN MENOTTI

CERRAR LA GRIETA Y REPENSAR EL FÚTBOL APOYADOS EN IDEAS DE GIGANTES

GERMÁN CASTAÑOS

Perdón Bilardo. Perdón Menotti / Germán Castaños. - 1a ed. - Librofutbol, 2020.
220 páginas; 15,2 x 22,9 cm.

ISBN 978-987-8370-28-6

1. Fútbol. 2. Deportes. 3. Deportes en Equipo. I. Título.
CDD 796.3340982

BILARDO - MENOTTI.
de Germán Castaños

© 2020 – Germán Castaños
Todos los derechos reservados.
© 2020 – LIBROFUTBOL.com
Todos los derechos reservados.

Diseño de cubierta: Luciano Medvetkin
Diagramación interior: Luciano Medvetkin
Foto del autor: Germán Castaños
Gráficos: Efficiency Match
Foto de portada e interior de César Luis Menotti: © Peter Robinson (1982)
Foto de portada e interior de Carlos Salvador Bilardo: © Bob Thomas Sports Photography (1986)

LIBROFUTBOL.com
Olga Cossettini 1112 - oficina 8F - Ciudad de Buenos Aires - Argentina
ediciones@librofutbol.com - whatsapp +54 9 11 2215 1982

1ª edición: diciembre 2020

No se permite la reproducción parcial o total, el almacenamiento, el alquiler, la transmisión o la transformación de este libro, en cualquier forma o por cualquier medio, sea electrónico o mecánico, mediante fotocopias, digitalización u otros métodos, sin el permiso previo y escrito por el editor. Su infracción está penada por la ley.

ISBN 978-987-8370-28-6

ÍNDICE

"DIÁLOGOS" EN BASE A FRASES, IDEAS Y PENSAMIENTOS DE CARLOS SALVADOR BILARDO

    PRÓLOGO 7

    INTRODUCCIÓN Y ADVERTENCIAS 11

    CAPÍTULO 1
    TÉCNICA Y TÁCTICA 21

    CAPÍTULO 2
    LIDERAZGO Y MOTIVACIÓN 45

    CAPÍTULO 3
    COSAS DE FÚTBOL 69

"DIÁLOGO" EN BASE A FRASES, IDEAS Y PENSAMIENTOS DE CÉSAR LUIS MENOTTI

    PRÓLOGO 107

    INTRODUCCIÓN Y ADVERTENCIAS 109

    CAPÍTULO 1
    TÉCNICA Y TÁCTICA 119

    CAPÍTULO 2
    LIDERAZGO Y MOTIVACIÓN 159

    CAPÍTULO 3
    COSAS DE FÚTBOL 171

    GERMÁN CASTAÑOS 215

    REFERENCIAS BIBLIOGRÁFICAS 219

"Diálogos" en base a frases, ideas y pensamientos de Carlos Salvador Bilardo

PRÓLOGO

En la actualidad vivimos en un mundo globalizado e interconectado donde las redes sociales nos dan la oportunidad de generar relaciones virtuales con personas de cualquier parte del mundo. Así entré en contacto con Germán Castaños y hoy tengo el gran honor de escribir este prólogo para una magnífica obra sobre conversaciones con dos grandes entrenadores.

El autor de esta obra es una de esas personas que son polímatas y que, gracias a la causalidad, el destino lo ha puesto en mi camino. Solo tuve que escribir su nombre en Google y ver que es un profesional de referencia internacional en el ámbito de la consultoría y la comunicación; además, es autor de los libros *Guardiola, el ladrón de ideas* y *Parking the bus* (entre otros muchos). Siempre es interesante compartir y escuchar a personas con el nivel cultural de Germán, con el que siempre se aprenden cosas que en un momento puedes poner en práctica a lo largo de la vida.

Solo necesitamos intercambiar unos mensajes para conectar, tuvo una predisposición total para poner su libro a mi servicio sin ningún tipo de reparo, algo que en el mundo en el que nos movemos es inusual y que se lo agradezco infinitamente. Para mí, como profesional del análisis del juego, es un placer introducir esta obra que será una referencia para todos los amantes del juego, no solo por su contenido sino por su planteamiento; parte de un sueño que todos hemos tenido alguna vez, el de poder mantener una conversación con dos de los mejores entrenadores del mundo.

Su propuesta, en forma de conversación informal, hace que la lectura sea realmente fácil y llevadera; te invita a que te traslades a una mesa imaginaria donde eres un observador de cómo Germán comparte sus reflexiones. Una obra escrita por alguien que es nacido en uno de los países donde más pasión y tertulias se pone alrededor del fútbol (Argentina). Personalmente, creo que el libro se caracteriza por la buena estructura y sencilla propuesta, donde todas las reflexiones y los diálogos del autor con los protagonistas fluyen y se desarrollan minuciosamente, pero con un rigor que invita al lector a pensar y ver que no existen verdades absolutas.

Es sobresaliente la sencillez con la que nos muestra las reflexiones de los técnicos y cómo esas ideas nos las han transmitido como etiquetas que, gracias a las aportaciones del autor, dejarán de serlo. Germán conjuga, con una habilidad especial, reseñas de la historia y conceptos de la actualidad, derribando muros y opiniones que en el fondo distan mucho de la realidad. Como ejemplo, nos muestra que no existen entrenadores defensivos u ofensivos, sino que los mejores demuestran su capacidad de dominar el equilibro entre las dos fases del juego, la defensiva y la ofensiva; además de destacarse por sus cualidades de liderazgo, lectura del juego, psicología, búsqueda constante de la excelencia y pasión por la profesión. Durante su lectura he podido constatar que el fútbol es un deporte complejo, donde las combinaciones son infinitas; el profundo conocimiento de él nos hace ver que sus diálogos son más que un mero titular de prensa. Todos los entrenadores y equipos quieren ganar y aquí verás como Menotti y Bilardo siempre plantearon los partidos y compitieron con la intención de jugar al fútbol en su máximo contexto, no con la premisa de solo defender o solo atacar.

Mi conclusión, después de haber disfrutado de la lectura de estas páginas, es que "no existen las verdades absolutas", que todos tenemos nuestra opinión sobre el fútbol y todos tenemos nuestra razón. Lo que sí, puedo asegurarles que lo que hay son experiencias y razonamientos válidos sustentados bajo el conocimiento y la ciencia, basados en evidencias con el fútbol como punto de toda reflexión.

Quiero agradecer a Germán, una vez más, lo que ha aportado con esta obra y sus trabajos al mundo del fútbol, ya que hará ampliar la mente tanto de los profesionales como de los aficionados enamorados de este deporte. Al mismo tiempo, permitirá que nos cuestionemos mitos y falsas etiquetas que llevan instaladas mucho tiempo y que crean opinión. Por eso este es el deporte rey que, con su continua capacidad de sorprendernos, nos hace amarlo sin límites. Espero que disfruten con este magnífico libro tanto como lo he hecho yo.

Francis Sánchez

Analista

Atlético de Madrid

Cuerpo técnico de Diego Simeone

INTRODUCCIÓN Y ADVERTENCIAS

Gracias a usted y sus jugadores festejé el Mundial 86´ junto a mi padre. Pero también en el Mundial 90´. Por ejemplo, ¿sabe usted lo que es llorar abrazados en el piso luego de haberle convertido a Brasil? Todo lo que me trae de nuevo a mi padre, es muy bueno para mí.

Perdón Bilardo. Y al pedirle perdón, también debo incluir a Menotti.

Los argentinos fieles a una tradición de "grietas", término tan popularizado por estos días, nos apasionamos en defender una vereda y en denostar la otra. Y en ese juego perverso se nos fue pasando el tiempo sin lograr una síntesis integradora entre ambos.

Este libro pretende, simbólicamente, reconciliarlos. Y en ese cometido, reconciliarnos a nosotros mismos. Mi deseo más grande, que a algunos les puede parecer utópico, es que la reconciliación supere lo simbólico para convertirse en un hecho real.

Reconciliar algo que, casualmente, parece que nació unido. Si hasta se retiraron del fútbol el mismo año. Si hasta comenzaron su actividad de entrenadores casi al mismo tiempo y bajo el mismo estilo: ayudantes de campo de sus maestros. Usted con Zubeldía y Menotti con el Gitano Juárez. Si hasta ambos, muy rápidamente, se lanzaron a volar solos.

Perdón Bilardo. Nunca tuve la oportunidad de conversar con usted pero eso no es impedimento para que pueda inventarme una forma de hacerlo. Y será a través de estos "diálogos inventados" en los cuales recojo innumerables de sus mejores frases y pensamientos, permitiéndome, casi irreverentemente, decir lo que me sugiere cada una. Perdón Bilardo por este atrevimiento también.

Me animo apenas a contradecirlo y mucho a halagarlo. Me animo a sugerir y complementarlo tanto como a aceptar sin más sus ideas. Me animo a ser yo, respetando cómo es usted. Me gustan sus ideas pero también me gustan las mías. Y las de Menotti. Hago, en definitiva, lo que desearía cualquier amante del fútbol: "conversar con quienes se admira". ¿De qué hablamos? De táctica, estrategia, técnica, vestuario, creatividad, innovación, motivación, liderazgo, éxito, fracaso y todas las variables que hacen del fútbol esa pasión Mundial que no conoce límites ni barreras geográficas, políticas o religiosas. Esa pasión Mundial que nos iguala.

Son muchas cosas que admiro de usted: la perseverancia ante tanta crítica, la pasión por el detalle, la creatividad para tener una idea ante cada problema. Tantas otras.

Perdón Bilardo. Perdón Menotti. Es cierto que quizá pueda usted estar dolido por determinadas cosas que fueron sucediendo a lo largo del tiempo. En este libro, y aunque sean elementos que entreguen *marketing* (la pelea siempre vende, también cuando se revive lo doloroso), no haré mención a ninguna de ellas sino todo lo contrario. Intentaré encontrar los puntos en los cuales Menotti se sintió más cerca suyo.

Cuando, por ejemplo, Menotti lo mencionó como posible ayudante en el Mundial 1982, con la eventual tarea de ver y analizar, casi como un espía, rivales de Argentina.

Cuando, por ejemplo, Menotti reconoció que su escuela, la escuela de Zubeldía, fue pionera en el tratamiento táctico de la ley del *offside*. Lo dijo en estas palabras: "Lo primero que vamos a decir al hablar del fuera de juego es que se inicia en la Argentina. En Europa piensan que fue un invento de Holanda. Pero comienza en la Argentina con Geronazzo y Zubeldía, que son los primeros que lo ponen en práctica como táctica. En ese entonces, además fue sorpresa". Reconocer a Zubeldía, es también reconocerlo a usted.

Como, por ejemplo, Menotti ejerciendo una sana preocupación ante su estado de salud: "Las diferencias que pueda haber en los estilos de vida no tienen nada que ver con esto. Yo deseo que Dios lo proteja, lo ayude y que pueda salir bien de esta circunstancia que le toca pasar".

Quizá uno de los argentinos más sabios haya sido Marcelo Bielsa. Nunca los enfrentó. Y en cierta forma los concilió, porque se nutrió de ambos para ser el entrenador que es hoy. Esto contó Bielsa en una conferencia de prensa cuando estaba dirigiendo a Olympique de Marsella en 2014: "Durante 16 años, ocho cada uno, Bilardo y Menotti condujeron a la selección argentina. Ambos tienen maneras antagónicas de ver el fútbol y coincidieron con mi etapa formativa. A mi ciudad llegaban entre diez y doce periódicos, en los cuales a mí me gustaba leer sobre los dos".

Bielsa, quien supo renegar de sus condiciones futbolísticas, olvidó sus limitaciones técnicas y consiguió regatear "maradoneanamente" la grieta. Porque la grieta es una trampa, es un engaño en el cual se puede quedar atrapado. Bielsa supo extraer lo mejor de lo suyo (tal vez la obsesividad como método de trabajo), pero también lo mejor de Menotti (tal vez lo ofensivo como idea irrenunciable). Marcelo Bielsa dijo: "No veo como una contradicción tener algunos aspectos de Bilardo y de Menotti". Eso es piedad, humildad y equilibrio. Bielsa no cayó en la trampa, en la cual caímos el resto de los argentinos. Algunos por interés, otros por amistad, otros por fanatismo ideológico, otros por simpatías o antipatías propias de la naturaleza humana. Y otros, quizá, solo por ignorancia.

Es cierto que hay muchas diferencias, y quizá siempre estuvieron presentes porque siempre elegimos apoyarnos en ellas, para seguir revolviéndonos en un lodo de enfrentamientos (otros utilizarán la palabra "posicionamiento" o "diferenciación" para exhibir con orgullo el lado de la historia que representan). Sin embargo, hay muchas coincidencias. Quizá muchas más de las que usted cree saber y de las que Menotti mismo recuerde.

En divisiones menores ambos coinciden en la necesidad de entenderlo como un ámbito educativo y formativo donde "el ganar" no sea relevante. Como dijo Rossi, uno de los grandes formadores que dio Argentina: "El punto de encuentro entre Menotti y Bilardo es que en el fútbol formativo no deben importar los resultados".

Pero hay más puntos de encuentro: el de entender al fútbol como escuela de vida, el valor del barrio ("las enseñanzas de la calle que me habían marcado para siempre") enseñando la picardía necesaria para sobrevivir (y me viene el recuerdo de usted siendo muy niño, agachándose para poder pasar sin pagar la entrada porque el dinero no abundaba). De esa picardía habla Menotti y en esa picardía también, indirectamente, lo reconoce.

Pero ya no es solo el fútbol de los niños o las enseñanzas de la calle y el barrio. También es la forma de entender el fútbol. O al menos una parte de él. Usted tiene referencias futbolísticas que se acercan a Menotti. Por ejemplo, en esta sugerencia que supo dar en Vélez Sarsfield: "Yo escuché decir el otro día: 'Entra el defensor Pellegrino' ¿Pellegrino defensor? Hace unos años este chico era volante y yo le dije a Bentrón -que manejaba las inferiores de Vélez-: 'Bentrón, ¿por qué no lo ponés en el fondo?' Como va el fútbol en este momento, vos necesitás salida con alguien que sepa con la pelota. Yo defiendo a Koeman, a Edinho, a esos... Pueden jugar de todo".

En esas palabras, usted está a favor de esa "construcción temprana" de la que tanto se habla hoy en día. De esos jugadores que saben entregar fútbol desde la misma zona defensiva. Y eso lo amiga mucho con Menotti.

Pero no solamente ha sugerido los jugadores con mayor tendencia al juego que a la destrucción. También lo ha hecho. Usted juntó a Marcelo Trobbiani, Alejandro Sabella y José Daniel Ponce, tres jugadores de "buen pie", en la mitad de la cancha de su Estudiantes campeón de 1982.

¿Por qué no soñar con unirlos si usted mismo, cuando se volcó a la política allá por 2001, lanzó su candidatura a presidente de Argentina en un espacio que llamó "Partido Unidad Nacional UNO"? Podría haber utilizado muchas palabras para definir su partido. Sin embargo, eligió el concepto de unión.

La grieta nos radicaliza, nos vuelve dogmáticos. Y en esa radicalización dogmática ya no puedo aprender más del otro. Solo puedo ver sus defectos y eso me radicaliza aún más.

Los que evitan la grieta como Bielsa o como el mediocampista Fabián Carrizo, que fue entrenado por ambos, siempre aprenden algo y pueden integrar esos conocimientos y esas ideologías: "Fue un privilegio haber sido dirigido por Bilardo y Menotti. Es una pena que se busquen las antinomias que tanto mal nos hacen como sociedad. Aprendí un montón de los dos, ambos me enriquecieron".

Usted mismo supo advertir, en algún momento, que la discusión ya le pertenecía más a los otros que a ustedes mismos:

— ¿Por qué se lleva tan mal con Menotti?

— La gente nos enfrentaba.

— De todo lo que le dijo el Flaco, ¿qué le dolió más?

— No. Yo sabía que era una discusión pública, como fue en Italia con Sacchi y Trapattoni.

— ¿Y Mourinho y Guardiola?

— Los enfrentan como a Menotti y a mí.

Pero no es solo Bielsa. No es solo Carrizo. También fue Claudio Borghi cuando dijo: "Defiendo como Bilardo y juego como Menotti".

Mucho de lo que yo quisiera seguir diciendo para introducirnos a este tema ya se dijo. Y fue un sabio del deporte quien lo dijo. Julio Velasco, entrenador de vóleibol, debe ser uno de los entrenadores argentinos más respetados en el mundo. Pero no solo en el ambiente del vóleibol, también en el fútbol (es importante aquí recordar que, en Milan de Italia, Berlusconi lo soñó como entrenador luego de la salida de Capello y fue director deportivo de Lazio e Inter antes de regresar al vóleibol).

Velasco es una persona íntegra, capaz, valiosa, lúcida. Aquí, más valen sus palabras que las mías. El periodista Daniel Arcucci le pregunta: ¿Hay un estilo del fútbol argentino? Y Velasco da rienda suelta a su sabiduría: "Yo creo que no. La verdad que no. Y creo que está bien que no lo haya. Yo no creo mucho en las uniformidades. En la Federación siempre digo que no quiero que todo el mundo me siga, que todos hagan lo que hago yo. Quiero que haya muchos entrenadores que la piensen distinto. Creo que es una riqueza"... "Existe lo que yo llamo la ideologización del deporte. O sea, lo que antes era en política, ahora lo hacemos en deporte: peronistas-antiperonistas, derecha-izquierda, comunista-anticomunista. Entonces, todos los comunistas son buenos porque yo soy comunista y todos los anticomunistas son malos porque yo soy comunista. Y viceversa. Y hacemos de cosas que son pragmáticas, que es cómo hacer jugar un equipo, toda una filosofía, toda una identificación. Si uno quiere hacerlo jugar de esa manera, está bárbaro. De ahí al paso siguiente "que expresa nuestro modo de ser". Yo tengo otra idea respecto de nuestra forma de ser (del argentino). ¿Cuál es nuestra forma de ser? ¿El Martín Fierro o Borges? ¿El tango o la cumbia? ¿El folclore o.....? ¿Buenos Aires o el interior del país? Nuestra forma de ser son muchas cosas. Y en el deporte también".

Y concluye magistralmente: "Se ideologiza cuando el que no hace lo que yo hago está del lado contrario. Todos los que piensan que hay que jugar bien la pelota son buenos y todos los que, en cambio, creen que el resultado es lo más importante son malos".

Todo esto, que fenomenalmente dice Velasco, también corre en la dirección contraria: está ideologizado quien cree que los buenos son los que creen que el resultado es lo más importante y que los que piensan que hay que jugar bien a la pelota son los malos.

Esa forma tan radical de ser (los buenos son los que piensan como yo, los malos son los que piensan como ellos) nos inhabilitó por años a hacer una síntesis que refleje nuestras formas de ser, pensar y sentir, donde ambas son tan argentinas; y obtener un crisol y una simbiosis superadora de ambas.

¿Argentina qué es? ¿Es la herencia de Menotti o la herencia de Bilardo? ¿Es querer ganar "jugando bien" o es "ganar como sea"? En Argentina es bien difícil precisar su identidad porque ambas corrientes (simplificadas al extremo en "jugar bien" o "ganar como sea") tienen mucho del argentino promedio. Porque hay una raíz en el potrero que invita a jugar bien. Nadie puede desconocer el origen argentino emparentado con la técnica. Pero, simultáneamente, la naturaleza del argentino es muy exitista: quiere jugar bien pero también quiere ganar como sea. Se condena la falta de juego pero también se condenará la derrota, aunque el juego haya sido satisfactorio. El argentino quiere todo. Si no gana jugando bien, quiere ganar como sea. Se celebra el buen juego, tanto como la picardía y en algunos casos la trampa. Conviven la estética y el utilitarismo. Los extremos se amigan en una naturalidad pasmosa. Extremos que alimentan, a su vez, los enfrentamientos dialécticos para defender una y otra postura. La identidad de Argentina, aunque cueste reconocerlo, está compuesta por ambas cosas a la vez porque eso es lo que siente la mayoría. Si "juega bien y gana", representa el sentir del argentino. Pero si juega bien y pierde, es un "gil" (tonto). Si juega mal y gana, "el fútbol es para los vivos". Pero si juega mal y pierde, hay que exigirle la renuncia de inmediato. No es fácil el argentino. En el fútbol, tampoco.

IDENTIDAD ARGENTINA	
JUEGO Y RESULTADOS	**FRASE TÍPICA**
Juega bien y gana	*"Es un equipazo"*
Juega bien y pierde	*"Juegan lindo pero son unos giles"*
Juega mal y gana	*"El fútbol es para los vivos"*
Juega mal y pierde	*"No juegan a nada. Que se vayan"*

En esa alquimia dentro de un equipo de fútbol, quizá se encuentre la representación total y absoluta de un equipo de sentir, pensar y vivir a lo argentino.

Un equipo argentino debe ser capaz entonces (si aceptamos esta visión como válida) tanto de darse cuarenta pases sin que nos quiten el balón como de revolearla a la tribuna para enfriar el partido. Debe ensamblar la técnica más excelsa con la picardía más criolla.

Como entrenador de balonmano nunca creí que no se puede ser ofensivo y defensivo a la vez. Siempre me pareció una excusa para legitimar el juego que más me gusta e ignorar lo que menos. Pero esto no se trata solamente de lo que a mí me gusta. Se trata de saber cuáles son los componentes del juego: si hay que defender, pues se defiende como el mejor. Si hay que atacar, pues se ataca como el mejor.

Puedo decir que fui bilardista al ser obsesivo en cada uno de los detalles, haciendo análisis del juego más propios de un arqueólogo que de un entrenador. Puedo decir que fui menottista en la forma de atacar y en cierto idealismo que el tiempo y los años no han logrado apagar. Y al ser un poco bilardista y un poco menottista, todos me decían que era bielsista (porque además siempre creí que es mejor perder, antes que ganar con trampa y deshonor).

Este libro contenía muchas frases que potenciaron las diferencias. En términos de *"marketing"* hubiese sido más beneficioso dejarlas presentes. Porque funcionaban como aire al fuego. Lo reavivaban. Sin embargo, no cumple con los objetivos principales de esta obra: la "reconciliación" entre dos hombres decisivos en la historia de nuestro fútbol. Por eso decidí retirarlas (aunque el olfato de *marketing* me diga que estoy cometiendo un error).

Cierta vez el periodista deportivo Miguel Simón dijo: "Hemos vivido divididos entre Menotti y Bilardo y nunca pensamos en construir a partir de los dos. Es más rentable esa decisión. Es más sencillo pensar así, además".

Quizá, entonces, el problema no haya sido Bilardo sino los bilardistas extremos. Quizá, entonces, el problema no haya sido Menotti sino los menottistas radicalizados.

Ojalá que todos los bilardistas que lean esta mitad del libro, tengan la humildad y el espíritu de reconciliación para leer la otra mitad.

Sueño con reconciliar ideas y personas. Sueño con extraer lo mejor de cada uno para poder crear un cuerpo de ideas que nos represente a todos.

Y quien dice, puedan volver a compartir una cena como aquel lejano 1977 donde Roberto Saporiti los juntó: "Les propuse una cena en mi casa. Yo vivía en Palermo con Liliana, mi mujer. El Flaco vino con Graciela y Carlos con Gloria. Comimos pastas. Charlamos un poco. Nada de fútbol, eh. Después de la cena se armó el debate en el living. Yo era un moderador. Nuestras señoras se estaban durmiendo... Estuvimos hablando hasta las 3 de la mañana. **Nunca fueron amigos, pero siempre se respetaron.** Lástima que después entraron en el juego periodístico".

Estimado Roberto Saporiti... ¿se anima a recoger el guante y volver a juntarlos? Le dejo ese desafío. Usted puede lograrlo. Si me permiten, yo les hago de mozo en esa cena. Y la camiseta argentina será mi ropa de oficio para esa tarea.

Que bello mensaje deportivo, social y hasta político sería ese encuentro. Quizá, el primer encuentro de otros posteriores grandes encuentros que puedan darse entre distintos tipos de distanciamientos entre argentinos. Los seres humanos somos mucho más básicos de lo que creemos: somos imitativos casi como cualquier otra especie animal. Es imposible dimensionar el impacto de un encuentro entre ustedes, pero es un hecho que surgirán imitadores.

El pueblo futbolero argentino (y el no tan futbolero también) celebrará ese encuentro. Como celebró Maradona que ambos estuvieran cuando él volvió al fútbol en el 95´: "Estaba Bilardo, estaba Menotti... Cada uno por lo suyo, está bien, pero lo cierto es que estaban ahí, ¡estaban conmigo!".

Como dice el subtítulo de la obra y parafraseando al filósofo Bernardo de Chartres, sueño con: "Superar la grieta y repensar el fútbol, subido en hombros (y neuronas) de gigantes".

Mientras esperamos que ello ocurra, aquí empiezo esta charla con usted. No me quedó otra opción que inventarla...

CAPÍTULO 1
TÉCNICA Y TÁCTICA

> *"Bilardo te llegaba hasta lo más profundo"*
> *(Diego Armando Maradona)*

CB: "Todavía hay jugadores que dicen que no pueden jugar "por ese andarivel". ¿Qué andarivel? Tenés que jugar en cualquier lado".

GC: Claro. Supongo que esto tiene que ver con que mucho tiempo hemos hablado de "posiciones" (que esquematizan espacios) y hemos dado paso a hablar de "funciones" (que rompen prejuicios acerca de espacios) y esto nos acerca más a eso que usted dice sobre "tenés que jugar en cualquier lado".

Ese "tenés que jugar en cualquier lado" lo hizo bien explícito en el Mundial 86. En sus propias palabras: "Tanto Valdano como Maradona actuaron en cinco posiciones diferentes durante el Mundial, muchas veces cambiando durante el mismo encuentro. La preparación de ambos y el talento para acomodarse a cualquier puesto fue una de las claves de nuestro éxito".

CB: "La mujer es como un jugador: si no quiere en determinada posición, no hay que insistirle".

GC: Para que una mujer quiera en determinada posición no hay que insistirle, solo probarle que la va a pasar mejor. No conozco ninguna mujer que se niegue a un gozo mayor. Vale también al revés y para cualquier otra relación amorosa. Por la fuerza nada, por la seducción todo. Igual con el jugador de fútbol. Debe probar, sentirse cómodo en el puesto, disfrutar, sentir que le reporta una utilidad al equipo, saber que no pierde cotización; por el contrario, el nuevo puesto lo lanza nuevamente a un posicionamiento destacado. Bastian Schweinsteiger jugaba de mediocampista más adelantado o por derecha hasta que Van Gaal lo corrió a la posición de mediocentro (¡en ese sitio fue elegido el mejor jugador del mundo!). Juanfran Torres pasó de mediocampista a defensor lateral. Rui Patrício fue el portero de la Eurocopa que ganó Portugal en 2016, gracias a un entrenador de la cantera que le cambió el destino cuando tenía doce años, ya que jugaba de delantero; al revés de Puyol, que comenzó como portero, luego fue delantero, hasta que encontró su hábitat natural de defensor central. El mismísimo Franz Beckenbauer no sería la gloria que es si no hubiese mutado de mediocampista de creación a líbero. Lionel Messi es un caso de mutación constante. Pasó de extremo a falso nueve. Y con la madurez se retrasó todavía unos metros más en el campo de juego para ser un enlace perfecto. ¡Gareth Bale comenzó como lateral izquierdo! Yaya Touré jugaba de defensor central y mutó a mediocentro. Paul Scholes fue uno de los mejores mediocampistas en su momento, sin embargo anteriormente jugaba de delantero. Philipp Lahm era un defensor lateral pero evolucionó hasta transformarse en un jugador polifuncional: pivote, interior y otros puestos. Van Persie jugaba de extremo izquierdo en el Feyenoord; fue Wenger quien, en el Arsenal, lo transformó en delantero centro. Cafú era un mediocampista promedio y al cambiar a la defensa se transformó en un lateral extraordinario. Vincent Kompany era un mediocampista de marca en el Anderlech y el Hamburgo, fue lateral izquierdo pero Mark Hughes lo transformó en defensor central y ya nunca abandonó ese puesto. La lista es infinita. Con la formación multidimensional con la que se trabaja hoy en día en las divisiones inferiores, las mutaciones en el equipo mayor serán moneda corriente y se dará de forma natural cuando lleguen al primer equipo (porque ya lo hicieron en el tiempo que duró su formación en juveniles).

CB: "Al principio, algunos medios se mofaron del equipo y sus victorias estrechas ante Corea del Sur, Bulgaria o Uruguay, diciendo que Argentina jugaba "de manera económica". Más que nadie, pensaba que teníamos una selección para vencer por un

margen mucho más amplio. Pero nuestro objetivo siempre fue ganar la Copa del Mundo. A nosotros no nos servía de nada meter seis goles en un partido y quedar eliminados al siguiente por no tener resto. ¿Qué les pasó a Dinamarca y a la Unión Soviética? Se quedaron sin energía, se mataron desde un principio. Hay que regular todo el esfuerzo. Muchas veces les prohibí a los jugadores festejar los goles. ¡La altura no es chiste! Aunque parezca mentira, un esfuerzo extra se puede pagar caro".

GC: El lector puede interpretar que me equivoqué al ubicar esta frase en el capítulo sobre "táctica". ¡En absoluto! Toda decisión es táctica o estratégica según la circunstancia y el alcance. El hecho de haber "economizado" energías en todas las dimensiones posibles (festejo de goles, incluido) fue una decisión de claro corte estratégico.

Creer que estrategia es decidir un modelo de juego ofensivo o defensivo, o que táctica es ubicar un módulo 4-3-3, es un reduccionismo absoluto. Todas y cada una de las decisiones tienen incidencia en el rendimiento de un equipo. En consecuencia, toda decisión que se tome, aun en la más mínima, es una decisión táctica (no festejar los goles) o estratégica (cuidar las energías en el torneo). Así comprendemos, entonces, como las decisiones tácticas están sometidas a las decisiones estratégicas. Y que estas superan, por mucho, las decisiones que se toman en la pizarra.

CB: "Zubeldía fue el creador de todas las jugadas a balón parado. Los córners de la izquierda tirados con derecha y viceversa, los tiros libres de costado. Un día dijo: "¿Y si patea el córner de izquierda un diestro y alguien cabecea en el primer palo hacia atrás? ¡Mañana lo entrenamos!". Y salió perfecto, pero la idea fue suya. Eso lo hizo luego muy bien Holanda, saltaba Gullit en el primer palo y la metía Van Basten en el segundo".

GC: Quiero detenerme en el "¿Y si...?" de Zubeldía.

Funciona como el "¿Qué pasa si...? ¿Por qué no...?. Los disparadores más fuertes nacen en modo de pregunta. La pregunta altera la falsa certeza. La cuestiona. La pone en duda. La pregunta es quien te pone en "modo creativo". Y es ahí donde nacen las nuevas respuestas. Los que tienen más certezas que preguntas pueden estar bien instalados en el presente pero, de seguro, serán tambaleantes en el futuro. Porque, inevitablemente, nacerán nuevas preguntas y germinarán nuevas respuestas. Es ley universal.

CB: "Para el Mundial de Italia 90 nos preparamos con Burruchaga tirando centros en Nantes y Ruggeri cabeceándolos en Madrid".

GC: La creatividad rompe con las imposibilidades. En tiempos donde los jugadores se encuentran cada vez más globalizados (y los componentes de las selecciones más desperdigados, salvo excepciones como la selección de Inglaterra) se han de recurrir a las ideas más ingeniosas para lograr que una selección armonice los movimientos de sus jugadores, que puedan entenderse mucho habiendo entrenado poco juntos. Las convocatorias serán menos en términos de los mejores jugadores en forma individual sino de los que armonicen mejor en pequeñas sociedades. Para ello, es necesario recurrir a la historia: ¿jugaron juntos? ¿Cuándo? ¿Dónde? ¿Con qué sistema? En el Mundial 2018, Óscar Washington Tabárez, el entrenador de Uruguay, ha sido muy simple en ese sentido. La pareja de defensores centrales de su selección fue la misma que se venía desempeñando con éxito en el Atlético Madrid con Diego Simeone: Godín y Giménez. No ha ocurrido lo mismo con la selección de Argentina. Si bien Higuaín y Dybala conformaban una dupla exitosa en la Juventus de Italia, poco se los vio juntos con la camiseta argentina. Los once mejores en cada puesto no garantizan el mejor equipo. En el fútbol hay entendimientos naturales (para estos casos es imprescindible que el entrenador tenga talento para conectar los potenciales entendimientos y agudeza para verlos con pocos indicios) y hay entendimientos que necesitan ser más "trabajados". La ausencia de tiempo de trabajo compartido necesita de un entrenador que imagine todas las sociedades posibles para su selección, sostenga las históricas que tengan vigencia y provoque las nuevas que agreguen sorpresa. Fuera de ello, los avances tecnológicos facilitarán mediante realidad virtual (VR) y realidad aumentada (AR) contextos de entrenamiento que favorezcan entendimientos más rápidos. Las simulaciones por ordenador, generadas a partir de la inteligencia artificial (AI) acelerarán esos procesos. La realidad aumentada viene creciendo en todos los deportes. Desde hace varios años, por ejemplo, RideOn fabrica una máscara de esquí con RA. En Tel Aviv, Israel (uno de los países más innovadores del mundo) están desarrollando más tecnología de RA para todo: aviación, navegación, etc. El fútbol no es ajeno a esa oleada de innovación tecnológica.

CB: "Gente más resultadista en el mundo que yo no hay. Desde el año 1960 vengo diciendo que lo único que importa es el resultado. Lo digo siempre y lo repito. Pero a nivel chicos no. A nivel chicos jamás exigí un resultado, jamás. Preferimos que se vayan formando desde el punto de vista técnico. Porque formando un buen jugador técnico, después cuando es mayor, uno puede emplear cualquier táctica. Sí, exigimos resultados cuando son profesionales".

Es interesante porque delimita espacios y fronteras para el "resultadismo". No es el resultadismo en todo tiempo y lugar. Es resultadismo en el tiempo que corresponde (jugador mayor) y en el espacio que corresponde (jugador profesional).

CB: "Caño que recupera el rival, caño que no sirve".

GC: Fútbol no es lo mismo que *freestyle*. La belleza del juego puede ir acompañada de un desprendimiento del resultado cuando solo se juega por jugar. Cuando se compite es necesario asociar la belleza a un resultado que agregue valor al juego de mi equipo: un caño con la continuidad del balón.

> *"Bilardo fue el mejor psicólogo que tuve. Y lo siento así por cómo nos fue marcando el camino"*
> *(Miguel Ángel Russo, exjugador y entrenador)*

CB: "Todos me dan la razón. ¡Si todos juegan como la selección del 86!".

GC: Razón no le faltaba. Alemania sale campeón del mundo en 1990 con el sistema 3-5-2 instaurado por usted (flexible a un 3-5-1-1). El sistema se aplicó en diversos Mundiales y se sigue aplicando en distintos tipos de competiciones. Brasil y México en el Mundial 2002 jugaron con este sistema y los ejemplos se multiplican a lo largo de los años y las distintas competiciones. Víctor Hugo Morales, relator de fútbol, dijo: "Ese dibujo táctico fue el primer cambio rotundo del fútbol desde Holanda del 74".

Si Herbert Chapman fue considerado un innovador por haber introducido la WM, usted no puede ser menos con su 3-5-2.

CB: "Todos los días de semana en los entrenamientos, de dos a tres de la tarde, hacía que el Bocha Ponce le tirara centros a Hugo Gottardi para que cabeceara; todos los días. Una tarde fuimos a jugar a Córdoba; en medio del partido, Ponce tira un centro y Gottardi de cabeza convierte. A la mañana siguiente leo en un diario: 'Con un oportuno cabezazo ganó Estudiantes'. ¿Oportuno? ¡Hacía cuatro meses que los tenía todos los días, de dos a tres de la tarde, a Ponce tirando centros y a Gottardi cabeceando!

GC: "Cuando llegue la inspiración que me encuentre trabajando" decía Picasso. Pues es normal, todos ven el fruto del esfuerzo pero no saben de las gotas de sudor del esfuerzo mismo. Y si lo saben, no están dispuestos a hacerlo. Como dijo Thomas Jefferson, el tercer presidente que tuvo los Estados Unidos: "Yo creo mucho en la suerte y he descubierto que *cuanto más trabajo más suerte tengo*".

El secreto siempre será tener:

1) Hambre para desear algo.

2) Inteligencia para planificar el camino.

3) Sacrificio para llevarlo adelante.

4) Perseverancia para superar sus inevitables obstáculos.

Una vez satisfecho el deseo (obtención del logro) es necesario poner un nuevo objetivo y reiniciar en el punto 1.

CB: "Cuando entró el Negrito, había que sacar a Giusti, que era volante, y poner a Clausen, que era defensor. El gol había venido por el Negrito. Y después Barnes hizo otra jugada y Olarticoechea sacó la pelota en la línea. Me lo repitieron dos o tres muchachos, 'Carlos, hay que parar a Barnes, cambie que perdemos'. Pero me paralicé, no hice el cambio de boludo. Lo veía un ciego. Casi perdemos el Mundial por un capricho mío".

GC: Qué sincera autocrítica respecto de sus decisiones tácticas en pleno partido de Argentina-Inglaterra en 1986. Supongo que es una muy buena oportunidad para entender la incidencia que las emociones pueden jugar en la táctica: paralizarse o inhibirse como en esta situación. En otras ocasiones, también puede ser lo contrario: en la ansiedad, precipitarse. Al fin y al cabo: el pizarrón es frío y calculador en la previa. Pero en un partido... ¡el pizarrón es emocional!

CB: "El fútbol mundial está atrasado 20 años".

GC: En este punto es bueno encontrar los motivos. ¿Los atrasos son intencionales (por aferrarse a la tradición) o accidentales (por desconocimiento)? La tradición debe ser revisada con frecuencia para sostener lo que aún siga agregando valor y discontinuar lo obsoleto. Si bien esta frase fue dicha hace muchos años ya, en algunos casos, mantiene su vigencia. Lo táctico siempre tiene espacio para la innovación pero la información que entrega el *big data* desnuda cada vez más (y cada vez más rápido) los patrones sobre los cuales se estructura un equipo. Y si...el *big data* nos obliga a competir desnudos. Todos pueden ver nuestra intimidad hasta el más mínimo detalle. Sobre todo con el *deep learning* y la inteligencia artificial donde se desarrollan modelos predictivos (con altos porcentajes de acierto) de nuestro futuro comportamiento técnico/táctico. La creatividad para la variabilidad y la innovación para la sorpresa, serán el capital más preciado del fútbol del siglo XXI (porque evitará que compitamos desnudos). El jugador Marc Bartra decía algo muy cierto: "El rival puede cambiar la manera habitual que tiene de presionar pero, por lo general, el jugador acaba haciendo lo que acostumbra a hacer habitualmente" (noten ustedes la influencia de los automatismos inconscientes que vienen de muchos años). Esos mismos automatismos, no importa acá quién los haya provocado, son los que el *big data* detecta fácil y rápidamente.

En el fútbol estamos en una lucha por quién captura más datos. A pesar del *big data*, no va a ganar quien disponga de la mayor cantidad de ellos. Quizá gane quien sepa interpretarlos mejor. De seguro, va a ganar aquel que sepa combinarlos para generar algo nuevo. Pequeñas cosas. Por ejemplo, a partir de la recogida de datos de los pases sabremos cómo jugarle a Brasil. Si el principal destinatario de Neymar fue Coutinho y Neymar el de Filipe Luís (datos obtenidos del Mundial 2018), se impone la alternancia entre zona y hombre. Zona a Neymar pero acoso al hombre cuando la tiene Filipe Luís. Zona a Coutinho pero acoso al hombre cuando la tiene Neymar. Objetivo: disuadir pase para romper patrón natural e inconsciente. Ello provoca tanto "fastidio táctico" (se rompen las relaciones que funcionan mejor) como "fastidio psicológico" (no se la puedo dar al que se la quiero dar y al que estoy acostumbrado a dársela). Pero también podemos lograr el mismo objetivo (disuasión) con otros medios. Por ejemplo, doblaje en la vigilancia defensiva en cercanía. Doblaje a Coutinho cuando la tiene Neymar, doblaje a Neymar cuando la tiene Filipe Luís. Parece igual pero es muy distinto. En la primera opción "no se la puedo dar"; en esta segunda opción "tengo que evaluar y decidir si se la voy a dar" en una muy probable situación de 1 contra 2. Distinto en sus formas pero igual en sus objetivos. También provoca tanto "fastidio táctico" (se ponen en duda las relaciones que funcionan mejor) como "fastidio psicológico" (nunca sé si debo pasar o no, y eso me incomoda).

La guerra por los datos lleva dentro de sí (por incapacidad tecnológica) un desprecio por lo emocional (por ejemplo, esos "fastidios" que se mencionaban anteriormente). Lo físico siempre tiene espacio para la innovación pero la evolución sobre cuánto puede correr un futbolista en juego está llegando a su límite. ¿Cuánto más de 15 km podrá correr un futbolista en un partido? En cambio, lo emocional no se acabará nunca. Está todo por hacerse. ¿Por qué creo que está todo por hacerse? Porque es inadmisible, para dar solo un ejemplo, que en el Mundial 2014 solo tres selecciones de las 32 participantes hayan tenido una apoyatura psicológica profesional estable. El brasileño Dunga explicó muy bien uno de los motivos de ese recelo: "No estoy contra los psicólogos, pero desconfío que un jugador vaya a conseguir abrirse. La primera cosa que puede pensar un jugador es ¿será que él va a contarle al entrenador lo que le dije?". Aun así es inadmisible. Más aún si prestamos atención a lo que dijo el tenista Rafael Nadal: "El secreto no es la derecha o el revés. Es la mente". Brasil en el Mundial 2018 tuvo dos peluqueros pero ningún psicólogo. Renegar del aporte de la psicología es como desconocer el aporte de la nutrición. Se come lo que es óptimo para que el cuerpo del futbolista pueda rendir con plenitud. Con las emociones ocurre lo mismo: hay que encontrar el nivel de activación justo, el *stress* correcto (poco no activa, mucho sobrecarga), la ansiedad, el miedo, la presión y tantas otras emociones que necesitan encontrar el cauce justo. Como decía el escritor Terry Pratchett: "Lo que ocurre con el fútbol, lo más importante sobre el fútbol, es que la cosa no va solo de fútbol". El entrenador Claudio Ranieri solía decir que "en el vestuario, sobre todo para nosotros, los latinos, la psicología resulta importantísima. La palabra, la sonrisa, la mano en la espalda". La psicóloga de Inglaterra en el Mundial 2018, Pippa Grange, es bien precisa y contundente con su intervención: "Los atletas, como todos los demás, quieren algo en lo que creer, una visión en la que puedan invertir y en la organización de la que están orgullosos de pertenecer, lo mental es igual de importante a la preparación deportiva". Por otra parte, a medida que crece el negocio del fútbol, las "derrotas son cada vez más derrotas" y los "éxitos cada vez más éxitos" (con influencias en el ego y batallas de poder). Las relaciones humanas (en el Leicester campeón, los jugadores se daban balonazos y huevazos tanto como comían en la casa de Vardy) son cada vez más importantes en las relaciones tácticas. El entrenador y el psicólogo son una dupla lógica. Otra forma de evitar el "atraso" es salirse de las formas tradicionales de planificar tácticamente un partido. Naturalmente al iniciar la planificación se piensa en sistemas (por ejemplo, "ellos juegan 4-4-2") y en jugadores ("hay que marcar a tal y a cual").

Ahora bien, los comportamientos tácticos que no se usan, se olvidan. Al planificar el juego no pienses solo en sistemas o jugadores, piensa en comportamientos tácticos en desuso. Alemania poco ha necesitado de vigilancias defensivas al atacar. Su superioridad en los últimos años había sido abrumadora. Ello, inconscientemente, hizo desatender el ítem "vigilancias defensivas". No es soberbia, ni pereza, ni nada que se le parezca. Simplemente no lo fue necesitando y ese comportamiento se fue apagando. Juan Carlos Osorio, exentrenador de México, usó ese dato para meter su caballo de Troya (uno de varios caballos de Troya, ya que su diseño fue una joya táctica) el contraataque, brillantemente pensado y ferozmente ejecutado, en el partido que la selección azteca le ganó a Alemania en el Mundial de Rusia 2018.

Otra de las joyas tácticas del Mundial fue el partido Bélgica frente a Brasil, donde el equipo belga termina ganando el juego luego de un planteo inicial que sorprendió a los brasileños por dejar tres jugadores descolgados para contraataques furtivos (entre ellos, el sorprendente corrimiento de Lukaku a la derecha para jugar a espaldas de Marcelo y, al mismo tiempo, correr al central Miranda hacia la banda para liberarles espacios a Hazard y De Bruyne). Después de la lección táctica de Bélgica, "se defiende a laterales profundos atacando", será necesario volver a innovar. El fútbol ese día consolidó (desde hace muchos años existían intentos de este tipo, el mismo Roberto Martínez lo había hecho en el Wigan campeón de la FA Cup 2013) un avance táctico. Será necesario "evolucionar" hacia una nueva idea. La respuesta de poner a correr a los delanteros detrás de los laterales quedó "paleozoica". Como siempre, todo dependerá de la calidad de los jugadores que dispones. El pizarrón no puede aislarse de los nombres propios. Vamos camino a ir abandonando las "tácticas reactivas" (aquellas que solo intentan bloquearlas = delanteros corren a laterales) por "tácticas proactivas" (aquellas que buscan responder con algún grado de agresividad superior, "tú me dañas así, yo te dañaré de esta forma"). Este tipo de diferenciación es muy útil al momento de planear la táctica. El cerebro suele caer en un "sesgo de conformismo" (con idear una obstrucción ya cree el objetivo cumplido). "Lo que intentábamos era quitarle el rol de Brasil en el Mundial. Si le dejas sentirse cómodo, es imposible poderle ganar un partido a Brasil. Tácticamente fuimos muy radicales. Teníamos que utilizar una de nuestras grandes armas, que es nuestro contragolpe. La situación de Lukaku y Hazard, en estas situaciones de poder producir un uno contra uno, te da el control de lo que a Brasil no le gusta hacer, que es estar a la expensa del contrario", dijo el entrenador de Bélgica luego del partido.

La famosa "vuelta de tuerca creativa" (y sobre todo, el valor y la temeridad de correr los riesgos: el "teníamos que ser muy radicales" de Martínez) necesita de más de una vuelta, de ir y venir en la mente, para que sea una vuelta de tuerca que asegure al tornillo amarrar las variables que queremos sujetar. Claro que la "joya táctica de Bélgica" se sustenta también en la tarea excepcional de Courtois que aseguró el resultado (diez atajadas, una mejor que la otra) sumado a los remates fatalmente desperdiciados por Brasil. Es decir, una derrota de Bélgica hubiese puesto estos argumentos "patas para arriba". Mucho más si el gol llegaba "vía Marcelo" (uno de los jugadores que se había elegido "descuidar"). Si ello hubiese ocurrido, la historia del Mundial lo recordaría como el partido del "suicidio belga". Es muy difícil eliminar el resultado del análisis. Condiciona siempre. Para bien o para mal, se juzga a partir del resultado. Porque en "partidos de eliminación directa" el valor está en el objetivo: "seguir", "pasar de ronda". No puedo olvidar la frase de Martínez: "Tuvimos que ser radicales" (la innovación se divide en incremental o moderada y radical o extrema). Luego de casi veinte años investigando, escribiendo libros, brindando conferencias y asesorando empresas en temas de creatividad e innovación (desde hace unos años también entrenadores y equipos de fútbol) puedo afirmar que hay un axioma indiscutible en la innovación, tanto en los negocios como en los equipos de fútbol: "Cuanto más se aleje la táctica elegida de las ideas convencionales, mayor será el elogio en el triunfo (México a Alemania, Bélgica a Brasil, ambos en el Mundial 2018) y mayor será la crítica en la derrota (por caso, lo que le ocurrió a Argentina con Francia por hacer jugar a Messi como falso nueve o por no haberse reforzado defensivamente al ponerse 2-1)".

El innovador oscila entre el villano y el héroe. El entrenador de Bélgica, Roberto Martínez, osciló entre el villano y el héroe. Por el convencimiento de sus jugadores, por la sorpresa de la propuesta, por la impericia de los brasileños y por la invulnerabilidad de Courtois, la oscilación en ese partido plantó un héroe.

CB: "El atraso en el fútbol se superará cuando los marcadores de punta dejen de serlo y no repitan el ir y volver por el mismo camino, abandonando los carriles, como se dice en España, y puedan moverse de los dos lados; cuando los centrales sean jugadores con manejo de centrocampistas para salir jugando, cuando los mediocampistas puedan jugar atrás y adelante".

GC: Eso lo dijo en una entrevista a la revista El Gráfico en el año 2005. El tiempo le ha dado la razón. Hoy todos los equipos hacen esto (o intentan hacerlo)

> "Bilardo es parte de mi vida, como mi papá"
> (Sergio Goycoechea, exportero de la selección argentina)

CB: "No hay que encasillar a los chicos como ocho, cinco, diez".

GC: Una vez Johan Cruyff contó esta anécdota: "En la época que era juvenil hablaba bastante y, si no estaba de acuerdo en alguna cosa o la otra, el entrenador me ponía, por ejemplo, de lateral izquierdo dos partidos. Me dijo: 'Mira, entérate de lo que es jugar de lateral izquierdo'. Y así, dos o tres partidos, un momento, un entrenamiento. Así aprendes rapidísimo las cosas si tienes a alguien que es lo suficientemente inteligente para ponerte de lo que te haga falta".

Supongo que siempre será mejor utilizarlo como método de trabajo (por creer en el aporte significativo que se le hace al niño) que como herramienta de castigo. A propósito de los cambios de puesto, cierta vez escribí un artículo que comparto a continuación. Se llamó "Un día el fútbol le robará al vóleibol y nadie irá preso por ello". Decía así:

Robar, tomar prestado, transferir, combinar, hibridar, son las conductas que permitan trasvasar ideas de un ámbito a otro para innovar. En el mundo del fútbol infantil abundan las preguntas (y los cuestionamientos) acerca de qué es mejor para la formación de un niño. Le robaremos al vóleibol una idea, solo una, y el vóleibol se sentirá orgulloso de haber contribuido a un fútbol infantil mejor.

Tomaremos para el fútbol infantil el sistema de rotación de sus jugadores. Pero no cualquier sistema. Descartados el sistema 5-1 y también el 4-2, por propender a las especificidades, el sistema idóneo para tomar y adaptar será el 6-0, aquel donde el jugador de vóleibol desempeña tareas según el lugar donde le toque estar en la rotación. Por ejemplo, si está en posición 3, se sabe que es armador; o si está en posición 4, se sabe que es atacante. Intencional o no cuando fue creado, este sistema garantiza que los niños (en minivóleibol) y los jóvenes (en vóleibol) aprendan todo el repertorio técnico-táctico: sacar, bloquear, defender, armar, atacar. Cuando la especialización los alcance para evolucionar a sistemas más complejos (4-2 y 5-1), la formación general estará cubierta. Ello no ocurre en el fútbol infantil donde un niño puede llegar a jugar toda su infancia solo de mediocentro o de extremo. En el vóleibol se rota cuando se consigue el saque. En el fútbol infantil, al ser su carácter eminentemente formativo, las rotaciones se harán con periodicidad temporal, igual para ambos equipos. Este sistema de rotación estilo vóleibol proveerá una formación amplia, multidimensional, que irá entregando al niño nuevas preguntas y obligándolo a encontrar nuevas respuestas en cada nuevo espacio y nueva tarea que le toque desempeñar. Sin dudas, ello contribuye eficazmente a formar ese "jugador inteligente" que tanto buscan los entrenadores de Primera División por estos días (quiero hacer una aclaración aquí: el "jugador inteligente" sabe resolver de acuerdo a las enseñanzas que recibió. En términos de mi hipótesis, el jugador "inteligentemente creativo" sabe resolver las situaciones inesperadas del juego de acuerdo a la combinación heurística y repentina de enseñanzas que recibió. Uno es inteligentemente obvio y previsible. El otro es inteligentemente original e imprevisible). La creatividad es la oveja negra de la inteligencia. Pero también su gallina de los huevos de oro.

En la exploración de todos los puestos, el niño de a poco irá construyendo su identidad luego de conocer TODAS las opciones y no solo aquella inicial en la cual suele ocurrir un "como cayó quedó", condenando al niño a una posición de forma eterna. Va a permitirle conocer al niño sus potencialidades (para maximizarlas) y sus debilidades (para minimizarlas). Sabrá con el tiempo, claramente, de qué quiere jugar y de qué NO quiere jugar. Coincidirá con etapas no competitivas; es decir, donde no existan las tablas de posiciones, por ejemplo.

La idea de esta propuesta es propender a la formación de "jugadores totales" (al mejor estilo Alfredo Di Stéfano), completos, con recursos en cada sector del juego y en cada tarea que este le proponga.

En un fútbol donde los primeros defensores son los delanteros y los primeros atacantes son los defensores (y el portero), la rotación por puestos garantiza la formación en ambas facetas. Se trata de una formación heurística y ecléctica. Para ser el Leonardo Da Vinci que todos conocemos, Da Vinci fue muchas otras cosas. Fue pintor, arquitecto, músico, paleontólogo, artista, científico, escritor, escultor, filósofo, anatomista, inventor, poeta, botánico, urbanista, ingeniero. Un jugador de fútbol deberá igualarlo en su formación: deberá ser lateral, central, mediocentro, interior, extremo, portero, enlace, delantero.

Y para eso, jugará al fútbol rotando como el vóleibol. Y el robo se habrá consumado sin que nadie vaya preso por ello (si tú quieres ir ganando tiempo, no lo harás solo en los partidos. ¡También has de hacerlo en los entrenamientos!).

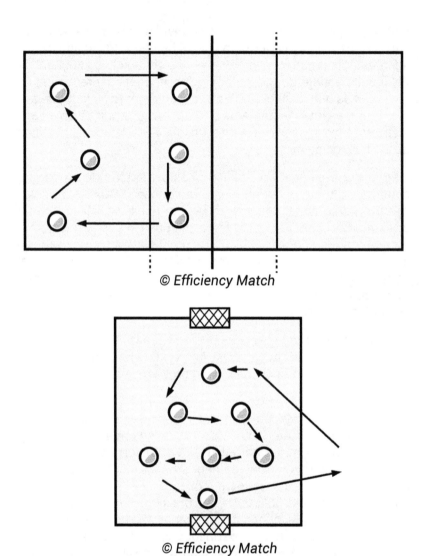

© Efficiency Match

© Efficiency Match

Y esa formación polivalente es la que han destacado grandes futbolistas. Esteban Cambiasso, exjugador de la selección argentina, reconoció lo siguiente: "*Me faltó atajar y jugar de 9. Es que a mí me enseñaron muchas cosas de chico, ya en el baby. El club Parque se caracterizaba porque siempre estaban los mejores y, coincidentemente por cinco años seguidos, el mejor que venía de otro club jugaba en mi puesto. Y me tocó que viniera el mejor wing izquierdo cuando yo jugaba de wing izquierdo y me pusieron de medio; y vino el mejor medio cuando yo jugaba de medio y me pusieron de defensor; y menos mal que no vino el mejor defensor porque a lo mejor me sacaban. Ya desde chico me tocó la adaptación. Así, creo, he tenido más chances de jugar".*

Otro claro ejemplo de la importancia de la "rotación" es el zaguero uruguayo Diego Godín. De niño jugaba de 9. Luego jugó de 10. También de extremo. Fue el entrenador Gerardo Pelusso quien lo ubicó de defensor central. Todo lo que recogió en esas experiencias generales lo hizo mejor en su puesto específico (y lo hace mejor en cada excursión ofensiva al área contraria).

¿Cuál es la forma en que un niño con las cualidades para ser delantero termine siendo buen delantero? Entendiendo la lógica de los defensores. ¿Cuál es la forma en que un niño con las cualidades para ser defensor termine siendo buen defensor? Entendiendo la lógica de los delanteros. Su entrenador también tiene que hacerlo jugar en los puestos opuestos (que no son opuestos sino complementarios). Los niños están para acumular variedad y riqueza de experiencias.

CB: "Nacional-Estudiantes, final de la Libertadores 69, es la charla técnica que más recuerdo. En Uruguay los últimos 15 minutos nos habían matado. Malbernat marcaba a Cubilla, pero Cubilla se fue al medio y nos dio un baile bárbaro. Para la revancha tuvimos 25 minutos de charla para ver cómo tomábamos a Cubilla si venía al medio. Al final del partido los mismos compañeros le decían a Cubilla: "Abrite". Y se abrió. Él solo nos arregló el tema".

GC: En mis épocas de entrenador de balonmano, la preparación táctica del juego era lo que más disfrutaba. Nadie que no sea entrenador podrá comprenderlo del todo, pero es un goce superior ver como ciertas variables (jugadas, movimientos y acoples del oponente) que le han venido reportando resultados, se ven opacadas, disminuidas, alteradas y definitivamente bloqueadas. Hay equipos que no tienen plan B porque como su plan A siempre funciona, descansan en esa naturalidad, creen que tienen la fórmula de la Coca-Cola. Lo primero que debe comprender un entrenador del juego rival deben ser los patrones. Ir detrás de aquellas cosas que se repiten. Entender sobre qué hábitos inconscientes se apoya ese equipo. No necesariamente significa anular su jugador estrella por una marcación individual (que, dicho sea de paso, Sarri desecha porque cree que el talento se termina imponiendo y Osorio la usufructúa para imponerse a Alemania en el Mundial). Es eso y mucho más. Son los patrones de la forma que se vinculan. Patrones de vínculo con el balón y patrones de vínculos sin el balón. No se trata de saber de táctica de forma enciclopédica. Se trata de hacer las elecciones puntuales que demanda ese partido. Otro punto que me enseñó el juego es que no hay que dejar de probar. Cuando un oponente se impone en el juego son necesarias distintas y consecuentes intervenciones hasta romper esa dinámica negativa: ajustes de espacios (achicar, agrandar, anchura, profundidad, densidad, cercanías y lejanías. Todo individual o colectivo), ajustes de relaciones (sociedades que no se expresan como es deseado, creación de nuevas sociedades con rotación de puestos o cambios de jugadores; recuerden acá lo que dijo Arsène Wenger: "Un equipo es tan fuerte como las relaciones que hay en él"), ajustes de temporizaciones (más lento; más rápido; más lento en una zona, más rápido en otra; más rápido en algunas fases del juego, más lento en otras y viceversa). Entender el concepto "patrón" es clave para mí, porque cuando más lo repite, más lo repetirá, son automatismos que el jugador y el equipo no podrá evitar. Son predictivos. Y obstruir esos patrones recurrentes provoca conflictos. Desde tácticos a psicológicos. Hay una fluidez que no fluye. Es un punto de comienzo de gobierno del juego. Claro que lo mismo ocurre en nuestra contra. Por eso los equipos deben ser polivalentes, deben poseer un arsenal de recursos que escondan al máximo los inevitables patrones que todo equipo tiene.

CB: (Hablándole a Giusti) "Como lateral-volante te transformás en delantero. Podés atacar por el lateral, podés atacar por el centro y hasta por el lateral opuesto. No te hagas ningún problema".

Este ejemplo quizá sirva para moderar, en parte, el mote de entrenador defensivo. Ningún entrenador "defensivo" le dice a su lateral-volante que se transforme en delantero y mucho menos que lo haga por cualquier sector del campo de juego.

Como tampoco ningún entrenador defensivo permitiría excursiones tan altas de sus diferentes defensores. Todos recuerdan el primer gol de cabeza contra Alemania en la final del Mundial 86, producto de una ABP ofensiva que cabecea José Luis Brown. Lo que pocos recuerdan es que la infracción se la cometieron a José Luis Cucciufo (defensor lateral desplegado en ataque) y que en esa misma acción ofensiva se habían desplegado más defensores (Oscar Ruggeri y Julio Olarticoechea).

La mención anterior no es mera casualidad. En su Estudiantes de La Plata 82-83, los defensores laterales (Julián Camino y Abel Herrera) tenían absoluta libertad ofensiva.

CB: "La gran diferencia la hicimos a partir de una idea que tuve: llenar el mediocampo de futbolistas habilidosos. Así, con el talento de Sabella, Trobbiani y Ponce, dominábamos el mediocampo y aumentábamos el volumen de juego".

GC: Otra gran prueba que nos enseña que usted no era tan "defensivo" como suele creerse.

CB: "Mi mayor preocupación era resolver un inconveniente que casi nos cuesta el pasaje a México: la marca hombre a hombre sobre Maradona. Después de la eliminatoria, viajé varias veces a Nápoles para explicarle a Diego lo que me había ocurrido a mí, cuando jugaba en Estudiantes de La Plata, con respecto a la marca del creador de Racing, Humberto Maschio. Maradona entendió perfectamente todo lo que le revelé. A la tarde, hacíamos trabajos especiales cuando terminaba el entrenamiento con Napoli, sin molestar al técnico ni a sus compañeros. Mirábamos los videos de sus partidos contra Italia en España 1982 y contra Perú, más otras escenas que yo había conseguido, y nos íbamos a caminar juntos por el campo de juego. Yo lo tomaba de la camiseta y lo llevaba de una punta a la otra del terreno; como también había hecho, en ocasiones anteriores, con Alejandro Sabella, Carlos López, José Daniel Ponce o Patricio Hernández. Lo obligaba a moverse hacia distintos sectores del campo. Así, Diego aprendió a desmarcarse, a recorrer todo el terreno para confundir a sus perseguidores. En México 86, todos los equipos salieron a hacerle 'hombre a hombre'. No lo pudieron parar. Sus maravillosos goles contra Italia, Inglaterra o Bélgica demostraron que se había aprendido una lección muy valiosa".

GC: Una marca hombre a hombre altera todas las variables técnico-tácticas del juego individual de un jugador. Pero también altera las físicas (hay que desmarcarse más) y puede alterar las mentales (a quienes viven el balón, privarlos del mismo, requiere de mucho trabajo mental para no desenfocarse).

Que Maradona haya jugado ese Mundial tan brillante en México, y bajo semejantes marcajes (los videos de la época exhiben la impresionante cantidad de infracciones que sufrió), habla de las condiciones extraordinarias de Maradona e, indirectamente, también de su trabajo detallista.

> *"Bilardo fue un adelantado"*
> *(Luis Islas, exportero de la selección argentina)*

CB: "Burruchaga, jugando con Maradona y Valdano, era el Francescoli de mi equipo. Pero yo era defensivo. Y eso lo hacía también en el Estudiantes del 82 con Russo, Trobbiani, Sabella y Ponce".

GC: Sí, se entiende. Usted lo que quiere decir es que el carácter ofensivo de un equipo no viene necesariamente determinado por la cantidad de delanteros con la que juega.

CB: "El reglamento así está bien. Solo haría el saque de banda con el pie. Porque hoy sacás el lateral, vos quedás con 10 y el otro con 11 en el campo. Dame una ventaja".

GC: Claro, es muy interesante la propuesta. Si me permite, y con el propósito de aumentar el rango de incertidumbre del oponente, sería deseable también que el equipo pueda elegir de qué forma sacar ese lateral: tanto con la mano como con los pies. Aumentarían las propuestas tácticas. Respecto de las igualdades, inferioridades o superioridades lo invito a leer mi libro de creatividad e innovación en el fútbol (*Guardiola, el ladrón de ideas*). En él describo un determinado número de situaciones de juego en las cuales se podría premiar al equipo atacante con un jugador extra: el jugador número 12, de inclusión momentánea. Usted dice "dame una ventaja" y tiene razón. Todos los reglamentos del mundo de cualquier deporte tienden a favorecer siempre al equipo que ataca, que es poseedor del balón, que busca con determinación la portería contraria. Un lateral con la mano parece no seguir esa dirección. Un saque lateral es un premio a la destrucción del juego. Permite un reordenamiento defensivo. Obstruye la fluidez ofensiva. Condena al equipo atacante a una nueva situación de ataque de inferior calidad que la anterior. Le quita tiempo efectivo de juego. ¿Cuántos goles del volumen total de goles llegan desde los laterales? Es necesario innovar (innovar proviene del latín *innovare*, que significa "mejorar algo a tal grado que parece nuevo"). El creativo es el innovador de la mente y el innovador es el creativo de los hechos.

Apoyando su solicitud, esta es mi propuesta para innovar en este apartado: el partido debería iniciarse con balones ubicados en el suelo apenas por detrás de la línea (igual que detrás de las porterías). Así, un equipo puede reponer sin detener el juego, porque el jugador cuando se va el balón del campo, puede seguir corriendo y golpear el balón sin casi necesidad de interrupción. Lo mismo el portero: toma el balón al lado de su palo y repone el juego libremente con la mano o con el pie, sin necesidad de ubicarlo en el borde de su área chica. Lo mismo cuando se envía un balón al córner. ¿Por qué esperar semejante tiempo y ceremonia para volver el balón al campo? Permitamos que el equipo atacante sea quien elija qué quiere ejecutar. Así, entonces, podrá ejecutar un lanzamiento de esquina tradicional, pero también podrá poner en juego el balón de forma inmediata con una especie de córner corto al estilo hockey (con balones ya ubicados previamente en ese lugar).

¿Para qué seguimos favoreciendo a los equipos que no quieren favorecer el juego? En poco tiempo veremos innovaciones como estas que ayudarán a incrementar el tiempo neto de juego, la intensidad del mismo y las oportunidades de seguir combinando en velocidad, casi como si el balón no se hubiese ido del campo. Tirar el balón afuera, intencionalmente, ya no será una ventaja para quien no quiera jugar.

CB: "Osvaldo (por Zubeldía) fue un innovador. Hacíamos cosas que nadie había hecho antes: estudiábamos muy bien a los rivales, mirábamos películas de partidos grabados en cintas, con proyectores que se veían contra una sábana que poníamos como telón, practicábamos cientos de veces con la pelota detenida: córner, tiro libre, el *offside*, la marca. Todo el grupo también tenía obligaciones con respecto al cuidado del físico. Por ejemplo, jugando de domingo a domingo, el miércoles era el último día para salir a bailar o acostarse un poco más tarde".

GC: Innovar es contagioso. Tal cual usted mismo lo ha reconocido, Zubeldía resultó ser de grandísima inspiración, no solo por los aspectos tácticos sino por el cuidado del detalle en general y la necesidad de innovar en particular. Del mundo de la empresa se nutrió Zubeldía cuando su ayudante en el cuerpo técnico, Miguel Ignomiriello le recomendó las sesiones de doble y triple turno luego de leer un libro acerca de cómo se organizaba el trabajo en las fábricas. El mundo de la innovación en el fútbol, como en la vida, también tiene sus historias de sincronicidad y simultaneidad. La trampa del *offside* registra antecedentes temporales de relativa simultaneidad de aparición con el Estudiantes de La Plata con Zubeldía como técnico tanto como el Dínamo de Kiev de Maslow. Antes, allá por 1958, Zubeldía se había inspirado en los suecos del Malmö FC.

CB: "Batistuta. Crespo. Uno de los dos o los dos, no hay ningún problema para que jueguen juntos. Si hay que elegir uno, me quedo con el que mejor esté en ese momento".

GC: Supongo que usted contestó esto a la prensa luego de una pregunta intencionada donde se intenta traer a la memoria el momento en el cual Marcelo Bielsa, a pesar de las urgencias, desistió de utilizar en el campo a ambos a la vez. Usted parece mostrar una flexibilidad que Bielsa no mostró en su momento (tampoco Passarella en el ciclo anterior). Batistuta llegaba al Mundial del 2002 campeón con la Roma y autor de 20 goles. Crespo con 26. Sin embargo, Bielsa no ejecutó esa posibilidad para el Mundial, una experiencia que los jugadores estaban muy dispuestos a vivir, creyendo que era lo mejor para el equipo (una posibilidad que llegó a contemplar de forma remota ya que en un entrenamiento los hizo jugar 22 minutos juntos). Muchos años después, a Bielsa le ocurrió algo similar en el **Olympique de Marsella.** La situación del doble 9, con **André-Pierre Gignac** y el belga **Michy Batshuayi, le trajo algún dolor de cabeza.**

(Y aquí me permito "conversar" con Bielsa). No ceder en las ideas es defecto y es virtud a la vez. Depende del momento (no es lo mismo el minuto uno del partido que el noventa), de los intérpretes (no es lo mismo hacer defender con tres jugadores lentos que con tres jugadores veloces), del contexto (no es lo mismo un amistoso que un Mundial). Hay veces que cambiar no significa ceder sino adaptarse. Hay veces que no cambiar no significa convicción sino tozudez. Me hace acordar, también, al entrenador Quique Setién cuando dijo: "Supongo que sabéis cómo es mi trabajo. Si no estáis de acuerdo con esto es mejor que contratéis a otro, porque yo no voy a cambiar". Usted halagó la flexibilidad de Sampaoli. Que Sampaoli sea flexible no lo hace mejor, lo hace distinto. Curiosa paradoja. Uno necesita enamorarse de una idea para poder transmitirla con pasión. Pero el mismo enamoramiento que apasiona también nos vuelve ciegos y no nos permite valorar otras perspectivas. En el enamoramiento ganamos en convicción pero perdemos en flexibilidad. Otra curiosa paradoja. No recurre a artilugios retóricos para defender determinadas posturas. Es más, reconoce en la flexibilidad un valor y tiene la capacidad para autoevaluarse y reconocer que no la tiene. Entonces, si eso ocurre, no es que no puede ser flexible. No quiere ser flexible. Elije no ser flexible. Las razones hay que conversarlas con los vericuetos más recónditos del inconsciente, pero está claro que nadie se negaría a aplicar una receta que sabe que mejora la propia. Por un lado, creo que usted tiene miedo que, al flexibilizarse, crean que Bielsa dejó de ser Bielsa. Y usted está enamorado y atormentado a la vez de su Bielsa. Creo también que este Bielsa ya lo conoce usted, ya lo conocen los jugadores, la prensa y los dirigentes. Creo que es momento, porque dispone aún de tiempo para hacerlo, de ofrecer un Bielsa que, manteniendo los principios éticos y morales sobre los que se sostiene (sin ellos ya no sería Bielsa), pueda mostrar en su etapa madura de entrenador una versión refrescada y renovada que incluya la flexibilidad. Una mente con tamaña inteligencia que reniega de la flexibilidad está realizando un autoboicot que ni usted ni el fútbol merecen.

Usted dijo: "Yo no cedo en mis ideas y no lo digo como una virtud. Es un defecto". Depende de qué ideas esté hablando, Marcelo. Si no cambia a favor de tener alguna deslealtad para ganar un partido, claramente es una virtud. Si no se flexibiliza a minutos de finalizar un juego para poner dos nueves porque el resultado lo necesita, es un defecto. ¿Poner dos nueves? ¿Mandar a un central de nueve? ¿Qué tiene de malo? Si hasta el mismo Guardiola, del cual nadie puede decir que ha renunciado a su estilo a lo largo de los años, mandó a Piqué a "jugar de nueve" los últimos minutos contra Estudiantes de La Plata en Abu Dabi en 2009, o contra el Inter de Mourinho en la Champions 2010. El parámetro que determina la virtud, o la falta de esta, es la ética y la moral de la acción; nunca una implementación episódica de algún recurso táctico que vaya en contra (momentánea) de una concepción futbolística favorita. En la situación concreta en la que usted (por convicción o falta de flexibilidad, o ambas) evite ubicar dos número nueve, ocurre lo siguiente: si no se flexibiliza, el entrenador contrario no se preocupa ni de entrenar determinadas situaciones ni de alertar a sus futbolistas ni de encontrar alternativas tácticas ("Tranquilos, muchachos, Bielsa jamás juega con dos número nueve"). En cambio si se flexibiliza, pone más signos de interrogación en la mente del otro entrenador ("Cuidado, muchachos, Bielsa lo puede hacer en cualquier momento"), lo obliga a dedicarle tiempo del entrenamiento a esa sola situación, a sopesar variantes, a estar a la espera de cuándo hará esa variante táctica. El entrenador Asier Garitano va por la flexibilidad: "Cada partido es borrón y cuenta nueva. Y cada vez utilizas diferentes formas". Por regla general, cuantas más variables por flexibilización conceptual pueda introducir un entrenador, más confusiones será capaz de provocar en la mente del entrenador contrario. Porque el juego, además de técnico-táctico, es también psicológico.

CB: "Conocí el fútbol en la puerta de mi casa. En esos años, a mediados de la década de 1940, la calle se ofrecía generosa para que los pibes del barrio armáramos nuestros picados que se extendían horas, hasta que el sol se iba a dormir o nuestras madres nos venían a buscar porque no habíamos hecho la tarea de la escuela. La calle aportaba árboles que usábamos de postes para armar las porterías y también los frentes de las casas que limitaban nuestra canchita. Era el escenario ideal para aprender a controlar la pelota porque, además de los rivales, había que eludir el cordón, entrometidos postes o a la inoportuna vecina que cruzaba toda la cancha para ir de compras al almacén de la esquina. Al mismo tiempo, había que domar la pelota de goma marca 'Pulpo', que picaba irregular sobre el asfalto, adoquines o las desparejas baldosas de la vereda".

GC: El mejor laboratorio no es un laboratorio. Es todo lo contrario a un laboratorio. Y fue el campo de ensayo y formación de Cruyff, Maradona y tantos otros. En esa formación, algo anárquica, hay más sabiduría y método que en el mejor de los métodos.

CB: "¿Ves? ¿Para qué querés cuatro defensores Te atacan con un jugador, con dos. ¿Para qué querés cuatro? ¿Para qué?".

GC: Matemáticas simple.

CB: "Me dijeron que estaba equivocado, que había nombrado a tres defensas centrales, pero yo les dije que no estaba confundido. Nosotros íbamos a usar tres defensas, cinco mediocampistas y dos delanteros. Habíamos practicado esa formación durante dos años y ahora la íbamos a poner en práctica en partidos con un grado de dificultad importante".

GC: Esa anécdota con los periodistas demuestra la fuerte tradición de defender con cuatro que había hasta entonces: ¡todos entendieron que le faltaba un defensor! No vieron una innovación. Vieron un "error".

CAPÍTULO 2
LIDERAZGO Y MOTIVACIÓN

> *"Bilardo fue un adelantado, un fenómeno"*
> *(Pedro Pasculli, exjugador de la selección argentina)*

CB: "Para mandar hay que tener autoridad, pero autoridad moral. Si no tenés calle, códigos, ética, si sos un gil no podes mandar".

GC: El entrenador Massimiliano Allegri concuerda respecto del valor de la calle: "La calle es una escuela de vida tremenda porque te obliga a pensar, te agudiza el ingenio, los chicos de ahora piensan poco y son poco creativos, ha desaparecido el arte de buscarse la vida". El suyo, Carlos, es un concepto sobre liderazgo bien argentino, entendiendo al jugador del fútbol argentino, su forma de ser, de pensar y de sentir. Visto la complejidad que entraña el jugador argentino (lo sé bien por haber sido preparador físico de fútbol) coincido con usted. La "calle" asegura una cercanía; los códigos entregan un lenguaje común al jugador; y la ética le brinda al entrenador una tranquilidad sobre la cual se apoya para tomar decisiones y, al mismo tiempo, al jugador le hace sentir una confianza respecto del obrar de ese entrenador. Hay que notar acá que usted no menciona el conocimiento para mandar. Se entiende, hay conocimientos profundos que se vuelven abstractos al jugador de fútbol si no se tienen las tres cualidades mencionadas con anterioridad. Calle significa que vivió.

Código significa que no traiciona. Ética significa que su comportamiento será recto a los ojos del jugador.

CB: "Ganamos a River y entramos en la Copa. Zubeldía nos reunió: 'A ver, ¿quién quiere casarse?' Pero cómo, respondimos. 'Sí', dijo. 'O se casan ahora o se casan el año que viene, durante el año ya no se casa nadie'. Llamamos a nuestras novias y nos casamos siete. Y otros siete el año siguiente".

GC: La exigencia extrema puede compatibilizarse con el trato amable y empático. Estas últimas dos características hoy las solemos reconocer en Carlo Ancelotti o Zinedine Zidane. Osvaldo Zubeldía era reconocido por tener un buen diálogo con sus jugadores, a tal punto de discutir muchas variables tácticas del juego con ellos. Tan profunda era la comunicación que tenía licencia para introducirse en los temas personales de los jugadores.

CB: "La tendencia al reto formó siempre parte de mi carácter. No pertenezco a esa especie de los que pueden vivir resignados a la comodidad, a una existencia sin sobresaltos, sin desafíos que obliguen a jugarse por algo".

GC: Esto que usted dice no tiene que ver con el liderazgo clásico, ese que conecta inmediatamente con otras personas. Pero tiene todo que ver con otro tipo de liderazgo, ese que se encuentra a veces algo solapado pero es igual de imprescindible. Es el que conecta con uno mismo, el autoliderazgo. Siempre he creído que, por regla general, no hay liderazgo sobre los otros si primero no lo hay sobre uno mismo. El deportista, en general (y el jugador de fútbol en especial), es muy astuto para detectar las debilidades del entrenador; y si, efectivamente, percibe ausencia de autoliderazgo, ello también disminuirá (y a veces solo inconscientemente) ante ellos su capacidad de liderazgo. Se retroalimentan positivamente o negativamente, es imposible desconectar esos liderazgos entre sí.

Y para quienes duden de la imperiosidad del liderazgo como atributo básico de un entrenador (por entender que no debe sobreestimarse la figura del entrenador), comparto las palabras utilizadas por Koke luego de la participación de España en el Mundial 2018: "Lopetegui era nuestro líder. Fernando (por Hierro) hizo lo que pudo".

CB: "A vos Angeleri no te pueden decir Mambrú. A un defensor de Estudiantes no le pueden decir Mambrú. Te tienen que decir cacique, guerrero, toro...".

GC: Claro, se entiende, el valor de lo simbólico. Un apodo suele decir mucho de quien lo lleva. Y después, el apodado tiende a validar en sus acciones lo que sugiere el apodo. Círculo virtuoso. No me imagino un boxeador a gusto con un apodo "manos de algodón". Si bien los apodos surgen con naturalidad, es interesante pensar que pueden ser elegidos por los entrenadores desde niños para destacar algunas de sus cualidades. Mi experiencia, como profesor y entrenador, me dice que si la figura del líder es influyente (y el apodo divertido) el resto de los niños/jóvenes tienden a convalidarlo. De esa forma, Angeleri probablemente no hubiese sido Mambrú sino cacique, guerrero o toro, como usted deseaba.

CB: "Mi cuarto en el Mundial de México era el más chico, dos metros por tres. Con un bañito. Entraba una cama y un perchero. El elástico de la cama estaba vencido, así que tiré el colchón al piso. Dejé la cama parada contra la pared"

GC: Supongo que esto se emparenta mucho con aquello que también contó acerca de sus viajes a Europa, previos al Mundial, donde se alojaba en albergues o compraba fiambre para hacerse sus propios sándwiches.

Se puede liderar de muchas formas, pero quizá una de las mejores (y más efectiva) sea desde la simpleza y la humildad.

CB: "No, no, no: las reuniones entre los jugadores no existen, no tienen que existir. Si hay reunión, con testigos, alguien del cuerpo técnico, sino no: reuniones no".

GC: Quizá pueda ser utilizada como regla general. Pero, como en toda regla general, hay excepciones. Hay momentos, especialmente en instancias decisivas y con la palabra del entrenador desgastada, en los que ofrecer espacios de intimidad para los jugadores puede ser conducente. Y, a veces, hasta un tono desafiante puede ser útil. Algo así como "ahora los dejo a ustedes solos", tal como hemos hecho en alguna oportunidad antes de un partido decisivo donde con el cuerpo técnico sentíamos que habíamos agotado todo el repertorio motivacional sin resultados.

Al fin y al cabo, eso hicieron los jugadores de la selección, en pleno Mundial 86, disgustados por tanto control (Alcatraz le decían a la concentración): reunirse entre ellos. Y, a juzgar por los resultados, no terminó siendo para nada una mala estrategia.

CB: "El himno hay que practicarlo también. Nosotros lo practicábamos cinco veces antes de cada partido. En ese momento al jugador se le pasa toda su vida por la cabeza".

GC: Superada la gracia inicial que puede provocar semejante afirmación. Superado el estupor de preguntarse cómo puede ello colaborar con el rendimiento de un equipo, intentemos entenderlo. Primero, el uso de esa práctica puede tener una intencionalidad indirecta. Es decir, no mejora el rendimiento per se en el juego, pero envía un mensaje potente a los jugadores: "ustedes están a cargo de un entrenador que está en todos y cada uno de los detalles" (como Thomas Tuchel, por ejemplo, que al asumir en el PSG francés salió a conocer los bares, restaurantes o sitios de recreación nocturna que solían frecuentar los jugadores del equipo parisino). El valor de lo simbólico ya se ha rescatado varias veces a lo largo del libro. Y es tal cual. El jugador luego replica las anécdotas en sus ámbitos y se crea un "estereotipo" del entrenador. ¿Para qué sirve? Para que todos los jugadores sepan cuáles son las reglas de juego con ese entrenador. Una segunda interpretación, que no necesariamente suplanta a la primera sino que la complementa, es que usted utilizaba esa práctica como una medida de "iniciar el juego emocionalmente bien". Dado el impacto que tiene el himno en la psiquis del jugador ("se le pasa toda la vida por la cabeza"), es importante que salga bien equilibrado de esa situación para cuando empieza el juego.

> *"Bilardo tomó ventaja de la rica variedad de estilos de los jugadores argentinos. Con tanta imaginación y creatividad, de manera muy seria, logró los resultados finales. Ése es el fútbol que me gusta"*
> *(Rinus Michels, entrenador de Holanda 1974´, "La Naranja Mecánica")*

CB: "También hacíamos reuniones sin él (por Zubeldía, el entrenador), donde los jugadores nos decíamos las cosas sin pelos en la lengua. En esas reuniones de grupo había que aguantarse el reproche de todos. Lo que nos decíamos no salía del vestuario o de la habitación de la concentración, donde también solíamos juntarnos".

GC: En tiempos donde la "filtración" a las redes sociales y un *tweet* estalla el mundo, o filtraciones inmediatas a la prensa, lograr que esos viejos códigos sigan con vigencia en pleno siglo XXI es casi una utopía. Pero aquel entrenador que, en sana convivencia con sus jugadores, pueda lograr esto, habrá exhibido unas dotes de liderazgo casi impensados para estas épocas: Épocas donde parece que esa vieja impermeabilidad del vestuario tiene filtraciones por todos lados. Además, la velocidad de circulación de los rumores también ha cobrado dimensiones exponenciales: del vestuario al *tweet* y del *tweet* a la "Tercera Guerra Mundial".

Por otro lado, el "decirnos las cosas sin pelos en la lengua" refleja una ley tan antigua como el ser humano mismo: necesitamos hablar, necesitamos expresarnos, necesitamos desahogarnos. Y si no es tu casa (equipo) el espacio donde puedas expresarte, de seguro surgirá otro.

CB: "Al equipo le pido concentración. Un médico tiene que estar doce horas concentrado para que no se le muera el paciente. Yo pido 90 minutos, nada más".

GC: La metáfora pinta un lienzo mental en quien lo escucha mucho más significativo que cualquier explicación descriptiva. Hay palabras tan repetidas en fútbol que algún día serán retiradas, exhaustas, del diccionario de este deporte. El escritor Jorge Luis Borges decía: "No hables a menos que puedas mejorar el silencio". La metáfora resume la verbalidad para meterse en la imagen. "Hay que estar concentrado porque bla bla bla". En esos momentos el jugador se pone en modo automático y "hace que escucha". Con la metáfora se acerca más a la posibilidad de impactarlo. Como ustedes saben, me dedico a la creatividad e innovación en el fútbol. ¿Quieren una metáfora fuerte? Lleven a sus jugadores a cumplir las palabras de Bilardo: presenciar una operación de varias horas será un impacto imposible de olvidar en su cerebro y es muy posible que, en momentos de desconcentración, el cerebro les devuelva rápidamente esa imagen y recuperen de forma inmediata la concentración perdida.

CB: "Sabía que podía molestarle a Passarella que le diera la cinta de capitán a Maradona. Era el capitán del equipo campeón del mundo, la puta; pero yo pensé: por ahí acierto con éste y va a ser más. Pensé que podía ser un golpe efectivo porque el 82... Había que levantar ese muerto, eh".

GC: Hay ciertos tipos de decisiones de carácter drástico para un cuerpo técnico que si no se toman al inicio de un ciclo, no se toman nunca más. Decisiones necesarias que delimitan un espacio y una forma con el cuerpo técnico anterior. Decisiones, ni mejores ni peores. Diferenciadoras. El jugador debe sentir que el nuevo entrenador viene a liderar un proceso y ese proceso se lidera delimitando, claramente, el carácter de un nuevo proceso. Por eso, es frecuente ver cómo al renovarse el entrenador, al mismo tiempo, se renuevan determinadas pautas que regían del ciclo anterior: hay jugadores que de titulares pasan a entrenar con reserva y viceversa, cambia el capitán (como en este caso), cambian los horarios y las cargas de entrenamiento. Porque se entiende que, en general, la renovación de un entrenador se produce para intentar cambiar dinámicas o ciclos que se suponen agotados o no entregan los resultados esperados. No se explicaría la renovación si el nuevo entrenador viene a hacer lo mismo y a no cambiar nada. Son gestos simbólicos que buscan un impacto en la psiquis del jugador y que deben ser planificados, rigurosamente, con el cuerpo técnico antes de asumir. Porque una vez desperdiciada esa oportunidad del primer impacto, ya no puede volver a repetirse.

CB: "Se decía que yo supeditaba la creación y la inspiración al trabajo. ¿De dónde sacaron eso que yo jamás dije? ¿Por qué tenía que ser una cosa o la otra? ¿Por qué no las dos, 'inspiración y trabajo'? El trabajo no sirve de nada sin buenos jugadores. El famoso artista plástico Pérez Céliz, un gran amigo, lo llamaba 'trasudación': transpiración más trabajo".

GC: Ambas a la vez, no podría estar más de acuerdo. Casi como solía decir Pablo Picasso, el célebre pintor: "Cuando llegue *la inspiración*, que *me encuentre trabajando*".

CB: "Con la selección nunca lloré. Al contrario, estaba muy fuerte. Muchas veces me digo: '¿Cómo aguanté?'. Una vez me puteaba toda la cancha de River, era impresionante, en un amistoso con Paraguay. Esa noche me esperó mi viejo y me dijo: "Por favor, Carlos, no dirijas más". Le contesté: "No, les voy a ganar, les voy a ganar".

GC: Es que el fracaso le va tomando examen a la perseverancia. Quiere ver su insistencia, la solidez del deseo, la fortaleza del objetivo. Fíjese que una vez escribí que el perfil para el siglo XXI sería el de una persona con estas cualidades: creativo (para idear), innovador (para hacer lo creativo), estratega (para hacer en función de futuro) y perseverante (para sostener las tres anteriores). Nadie puede decir que usted no cumplió con esas cualidades... en pleno siglo XX. Las derrotas no hacen fracasados mientras exista la perseverancia. Los abandonos sí. Me viene a la memoria una pelea de boxeo entre Ali y Frazier. Resulta que Alí estaba recibiendo golpes muy duros de Frazier y, finalizado ese round, le pide a su entrenador no seguir. Angelo Dundee solo le pide seguir un round más. Ali se incorpora y vuelve a la lucha. Siguen intercambiando duros golpes y, una vez llegado al rincón, Ali pide no volver a seguir. Su entrenador le pide solo un round más. Ali accede y vuelve a la pelea absolutamente desgastado. La escena se repite y, al llegar al rincón, decididamente pide que le tiren la toalla. Está decidido a abandonar. No hay forma de convencerlo. Su entrenador solo le pide que haga el último esfuerzo para pararse y caminar hasta el centro del ring. A propósito de perseverancia... Frazier no se paró y Ali, al pararse una vez más, ganó la pelea. Hay otros tipos de perseverancias. Aquellas en creer en uno mismo al máximo cuando el resto cree al mínimo. El terrible goleador Harry Kane recordó: "Tropecé con un documental sobre Tom Brady. Resulta que fue la novena elección en su draft. Imagina eso. La película realmente me impactó. Todos dudaron de Tom toda su vida. Me recordó a mí". Harry Kane con 56 goles fue el goleador mundial del año 2017. Su biografía deportiva dice cuatro préstamos (Leyton Orient, Millwall, Norwich y Leicester), además de haber sido rechazado por el Arsenal. Antes de asomar, el éxito le toma examen a la perseverancia a través de obstáculos y fracasos.

CB: "Mi primer viaje a Europa como técnico de la selección argentina tuvo un objetivo muy puntual: conocer a Diego Maradona.

Después de almorzar en su casa, corrimos los platos y yo empecé a desplegar muchos papeles sobre la mesa para plantearle lo que yo pretendía de él en el equipo nacional. En medio de miles de conceptos tácticos, le pregunté si estaba dispuesto no solo a vestir la camiseta celeste y blanca sino, también, a llevar el brazalete de capitán. Diego casi se pone a llorar ahí mismo".

GC: Que inteligente de su parte Carlos. Mezclar la inteligencia lógica con la inteligencia emocional. El condimento de "ofrecer la capitanía" hace que todo lo otro ("lo táctico") sea percibido y recibido con mucha mejor predisposición. La historia cuenta que, después de esa charla, usted le dijo a Maradona: "Ya sé, no entendiste nada, pero no te preocupes: vas a ver que es fácil; va a salir todo bien". Y fue cierto; todo salió bien.

> "Bilardo fue el mejor técnico en la historia de la selección"
> (Juan Sebastián Verón, exjugador de la selección argentina)

CB: "A los delanteros hay que esperarlos más que a los defensores".

GC: Me quedo con muchas ganas de saber más sobre esto.

CB: "Las cábalas no existen... pero ayudan".

GC: La misma música en el bus, los viajes en taxi, el mismo dentífrico en la selección del 86. La señora que les deseó suerte y ganaron en Estudiantes, y mil cábalas más. De todos modos, para enriquecer el tema cábalas, recomiendo volver a releer "memoria dependiente de estado", explayado en páginas siguientes.

CB: "Una frase suya sintetiza mi admiración por Zubeldía. Nosotros hacíamos la jugada del fuera de juego y él, por Canal 7, explicó cómo se contrarrestaba. Cuando vino lo queríamos matar. '¿Y Osvaldo?, ¿ahora qué hacemos?', le planteamos. Él respondió: 'Mejor, así me hacen pensar'".

GC: La disposición mental de un avanzado. De los que siempre están buscando un reto o un nuevo desafío para vivir. De los inconformistas. De los que no tienen miedo a los avances del resto sino a la inmovilidad propia. Los entrenadores de esta estirpe magnetizan a sus jugadores. Provocan cosas como esta: que cuarenta años después se recuerde una anécdota y se precise una frase como aquel día. La admiración es un alma que desea volar tanto como aquella que está admirando. Es muy probable que el tránsito de Zubeldía por su vida haya signado para siempre su camino. Quizá hasta se hubiese dedicado a la medicina. Son cosas que no se saben, porque son decisiones de vida que si bien se razonan, nacen de una interioridad que queda atrapada ante la admiración de quien nos logra liderar y subyugar a la vez. Envidia o admiración. Es la forma en cómo se arreglan con lo que sienten las personas negativas o las positivas. La envidia trabaja sobre la destrucción del otro. La admiración sobre la construcción de uno mismo.

Pero volviendo a Zubeldía, "revelar la fórmula" de manera pública y abierta demuestra también la gran confianza en sí mismo que ese entrenador se tenía: sabía que podía encontrar el contraantídoto al antídoto. Es más, es muy probable que estuviera en ese momento en una especie de zona de *confort*, aburrimiento, aburguesamiento y necesitaba algún tipo de provocación. Y como la provocación no llegaba es, pues, Zubeldía quien la provoca. Se autoprovoca. Cuando la presión selectiva para evolucionar no llega de afuera, debe venir desde adentro. Porque la evolución no puede ser detenida. Entendiendo personalidades así, también se entiende cómo llegan a grandes logros.

CB: "No Diego, deja... Esto yo lo quería desde hace mucho tiempo y no es contra nadie... Dejame pensar en una sola persona, en Zubeldía".

GC: Como para darle broche de oro a su admiración por Zubeldía, estas palabras contó Maradona que usted dijo luego de que Diego lo instigara a desahogarse apenas terminado de ganar el Mundial de 1986.

CB: "Mi primera experiencia como entrenador fue en 1971. Algunos excompañeros de Estudiantes me pidieron que agarrara porque el equipo se iba al descenso. Estaban todos peleados. Pasó que cuando Zubeldía nos sacó a los cinco, le dolió tanto que al mes se fue también él y el equipo se desbandó. Agarró Ignomiriello, un buen técnico, pero que nos hacía trabajar muchísimo para igualar a Zubeldía. Yo agarré. Primero arreglamos todo

en el vestuario y después les dije: "Bueno, muchachos, ahora a dormir". Y dormían todo el día. Así zafamos del descenso".

GC: Hay liderazgos tan fuertes que son muy difíciles de reemplazar. Porque no es el conocimiento del nuevo entrenador, no es su táctica, no es su forma de entrenar, es su personalidad. Cuando el que viene no es tan líder como el líder que se va, el grupo lo siente. Ocurre una curiosa paradoja: ya no se podía seguir más con aquel, pero con el nuevo entrenador aún seguimos prendados a aquel. Ya no podíamos con aquel, pero tampoco podemos con este. Hay menos energía, menos pasión, menos motivación. Falta el fuego que todo lo hacía arder. Son procesos muy repetidos en la historia del fútbol que se seguirán sucediendo, inevitablemente. Por ello, llegado el momento de reemplazar a un entrenador, es claro que hay que mirar su estilo de juego (para que no sea disonante con la historia del club) pero antes hay que mirar la "historia de liderazgo" de ese entrenador y ver si, como si fuera un puzzle, esa pieza encajará con todas las piezas que quedan del proceso anterior. Luigi Delneri venía de ser laureado en Italia, sin embargo no le fue nada fácil reemplazar a Mourinho en el Porto; es más, su ciclo duró apenas unos meses. Los jugadores abrazaban todo lo "Mourinho" y desecharon todo lo "Delneri". Ancelotti es un técnico impresionante, sin embargo no le fue nada fácil llevar adelante el Bayern Munich luego de la salida de Guardiola.

Pero quiero reparar en un punto más acá: usted reconoció en su autobiografía que el líder de su "barrita" (así lo dijo usted) o grupo de amigos era un tal "Ardilla". Los misterios del liderazgo: no era líder de su barrita pero pudo liderar a Maradona, Caniggia, Valdano y tantas otras glorias del fútbol. Por cosas como esta, el liderazgo podrá tener algunos ingredientes de ciencia, pero la mayoría serán siempre de arte.

CB: "No piensen en la plata. Ganen el Mundial que la gente se lo va a agradecer toda la vida".

GC: Vaya sabiduría. En la selección hay un valor diferencial que en los clubes es imposible de conseguir. Ponerse la camiseta de la selección es como enfundarse la bandera para jugar. Hay algo de falso nacionalismo ahí, pero qué hermosa sensación de todos modos. Algo hay: los viajes de Diego en pleno Mundial 86 para jugar en Italia con Napoli, entrenar en Argentina en la semana y tomarse otro vuelo para competir en Italia nuevamente. ¡Qué hermosa locura! (recomiendo leer la autobiografía de Maradona, *México 86. Mi Mundial, mi verdad*, donde se cuenta la historia completa). Algo debe haber. "Cuando Messi va a la selección, se le ve una alegría especial en la cara. No hay hombre más orgulloso en toda Argentina de poder llevar a su equipo y país a la cancha. Eso se nota y se ve si está al cien por cien", contó Ivan Rakitic cuando fue compañero de Messi en el Barcelona.

Pero vayamos al punto del dinero. El dinero nunca pudo financiar una pasión. La pasión no se soborna. Se inspira. Las personas con rangos más altos de motivación no hacen las cosas por dinero. Hay algo trascendente arriba que los ilumina, atrás que los empuja y abajo que no los deja caer. No en vano el entrenador Antonio Conte suele decir: "Creo que lo más importante tiene que ser la pasión. La pasión por el fútbol. Si no tienes eso, entonces no es bueno. El concepto es muy importante porque antes del dinero tiene que estar la pasión. La pasión por el deporte, la pasión por el fútbol. Comenzamos jugando cuando éramos niños y nada se trataba de dinero. Únicamente lo hacíamos por pasión. Después también viene el dinero, pero para mí lo más importante es la pasión". También Cesare Prandelli: "Inspirar a los jugadores, la pasión por lo que ellos están haciendo, es una parte esencial de dirigir un equipo. Lo he aprendido fruto de mi experiencia". Y Massimiliano Allegri agrega: "Tienes que jugar porque te gusta, no por dinero. Si eres bueno, llegas. Es inútil estar en un equipo grande por estar si no tienes minutos".

Si el entrenador no puede apasionar a sus jugadores es entrenador pero no es líder. No se puede seguir con convicción algo (alguien) que no nos apasiona. Difícilmente se puedan encontrar dos fuerzas motivacionales más grandes para la motivación que el logro (por el desafío que implica conseguirlo) y el reconocimiento (por haber quedado en la historia). Una vez al año, como mínimo, los recuerdos invaden, la memoria vuelve a ejercitarse y las vivencias a recrearse. Todos los 29 de junio al menos, ese equipo del 86 vuelve a la memoria de todos los argentinos. Y lo que me parece más importante para tomar decisiones: uno se pone viejo en los lugares donde se queda solo por dinero. Uno se mantiene joven en los sitios donde se queda por pasión. Es ley.

Su frase sí que ha calado hondo en sus futbolistas. Julio Olarticoechea supo decir: "Defender la camiseta de tu país, salir campeones del mundo, ¿qué más se le puede pedir a la vida?".

CB: "Hacés mal una cosa, gol de ellos y te subís a Aerolíneas Argentinas".

GC: La insistente frase que utilizó para mantener a los jugadores en estado de alerta constante. Esa frase seguía el criterio lógico que un pequeño error, en un Mundial, te devuelve inmediatamente a tu casa.

> *"Admiro la habilidad táctica de Bilardo. Su idea del fútbol combina la disciplina europea con la astucia latina"*
> *(Franz Beckenbauer, exjugador y exentrenador de la selección alemana)*

CB: "El día que Maradona me insultó en la cancha no me di cuenta. A la noche, en la televisión, veo que me putea cuando lo cambio. Fummm... Me fui a la casa. No estaba, había ido a Madrid. Lo cuento porque ya lo contó él, eh. El martes a la mañana, cuando llegué al entrenamiento, les dije a los muchachos: "Hoy hacen la parte física, la primera vez que hacen la parte física una mañana, yo me quedo acá paradito mirando". Esperaba a Diego. A la tarde me fui para la casa y nos peleamos, nos agarramos a trompadas. Enseguida Claudia y Franchi (representante de Diego) nos separaron. Pero esos días, entre domingo y martes, no dormí".

GC: Uno de los cinco grandes de la historia como jugador y uno de los grandes entrenadores se toman a golpes de puño como cualquier ser humano. Es que la lección es simple. Antes que nada son humanos y reaccionan como humanos. Aman, sienten, odian, se ríen, sufren como los demás mortales. Maradona se sentaba en el inodoro del baño igual que cualquiera de los lectores de este libro. Bilardo toma el desayuno igual que cualquiera de los lectores de este libro. Y ahí radica la gran lección. A estas superpersonalidades primero debes tratarlas como seres humanos, preocuparte por sus emociones y sentimientos. Luego viene todo lo demás. Es conocido el primer acercamiento a Cristiano

Ronaldo que tuvo Rafa Benítez, como entrenador del Real Madrid, apenas asumió. Le hizo llegar a Cristiano un pendrive, mediante un ayudante técnico, con una gran cantidad de información sobre cómo podría mejorarse como jugador, especialmente en la cuestión de los desmarques. Cristiano no solo no aceptó el pendrive sino que le mandó a decir a Rafa: "Dile a Benítez que ya le pasaré yo un pendrive con todos mis goles para que los estudie". La prensa lo tituló como "La guerra de los pendrive". El acercamiento de Rafa Benítez no es incorrecto. Es falto de "*timming*". Primero debería haber tenido algún acercamiento que generara una cierta empatía, un inicio de vínculo humano. Luego, conseguido ello, Ronaldo hubiese aceptado el pendrive con gusto.

CB: "Un día me sentó Zubeldía y dijo: "Poletti, Bilardo y Conigliario, afuera". Pum. No va más, se acabó. Y éramos tres veces campeones de América".

GC: El espíritu de la competencia no puede sostenerse solo por los títulos conseguidos con anterioridad. Para recordar ello está la medalla, el trofeo, la tapa del diario o la revista. El rendimiento necesita ser validado en cada entrenamiento, en cada competencia. Luego de ciclos exitosos, en los cuales el entrenador y los jugadores comparten cientos de experiencias, llega el momento de la toma de decisiones para seguir obteniendo resultados. Y una de las partes debe ser sacrificada, porque ambas ya no tienen razón de ser de continuar juntas. Esa sinergia ya entregó lo que tenía para entregar. La continuidad forzada no solo no entregará resultados sino que deteriorará todo lo anterior, especialmente los vínculos, además de desteñir una imagen ganadora. ¿Qué hacen los entrenadores? Renovaciones lapidarias como le tocó a usted y parte de sus compañeros. Pero también hay entrenadores que deciden su propio sacrificio. Como hizo usted cuando salvó a Estudiantes del descenso y no quiso continuar porque debía renovar el plantel y prescindir de quienes habían sido sus compañeros. O Juan Carlos Lorenzo al ver a sus jugadores desgastados luego de un exitoso ciclo, en los años 70 en Boca Juniors, prefirió correrse a un costado para no ser él quien diera de baja aquellos futbolistas que tanta gloria le habían brindado. De alguna forma, la renuncia de Zidane al cargo del Real Madrid en 2018 tiene algunos ribetes parecidos. Hay veces que se agotan rendimientos. Hay veces que se agotan relaciones. Hay veces que se dañan ambas. Zidane, quizá, haya adelantado su jugada mirando de reojo la historia del Madrid. A Jupp Heynckes y a Vicente del Bosque no se les renovó contrato en su debido momento pese a haber obtenido, entre otros títulos, la Champions League. Como bien dijo el propio Zidane al presentar la renuncia: "Tomé la decisión de no seguir y hablé con el presidente. Es el momento para todos, primero para mí. Un momento raro pero importante. Había que hacerlo por el bien de todos. Este equipo debe seguir ganando y necesita un cambio para esto. Después de tres años necesita otro discurso, otra metodología de trabajo y por eso tomé esta decisión". Algo similar ocurrió con Ronaldinho. A la llegada de Guardiola al Barcelona (según cuenta el crack brasileño), Pep le dice a Ronaldinho que cuenta con él. Sin embargo, el jugador le confiesa que su ciclo en el Barcelona está agotado y que era mejor marcharse.

CB: "Yo tengo una lista y se las leo a mis jugadores. Estos pueden jugar, estos no pueden jugar. Estos últimos vienen acá a ver si los recupero".

GC: Excelente, nada mejor que ir con la verdad. Una vez escribí algo así como:

Al jugador no le mientas, pero ilusiónalo.

Al jugador dile la verdad, pero no le lastimes la autoestima.

Con la mentira no hay respeto. Con la verdad hay credibilidad.

Sin ilusión y sin autoestima no hay rendimiento.

CB: (En charla técnica, luego de la derrota contra Camerún en el Mundial 90) "Miren muchachos, si no pasamos el grupo nos vamos todos a Argentina pero yo mato a los pilotos, agarro el avión y nos estrellamos, porque con esta vergüenza no voy a volver a Argentina".

GC: Apelar al orgullo, a la vergüenza interior, mientras esté expresado de forma genuina y con sentimiento profundo, es una provocación a la motivación muy redituable. Si el jugador siente que le hablan desde el corazón, responderá con el corazón. Contó José Basualdo, jugador de esa selección, que hablando con los compañeros se dijeron: "Muchachos, si se llega a parar en el avión, nos tiramos todos encima".

CB: "Muchachos, en la valija pongan un traje y una sábana. El traje lo usamos cuando bajemos del avión con la Copa y la sábana por si perdemos y tenemos que irnos a vivir a Arabia".

GC: Cuántos recursos de oratoria práctica. Palabras que impacten por su nivel gráfico y no por su comprensión gramatical. Luego de una frase así, ningún jugador puede no visualizarse de árabe.

CB: "Nunca delego en nadie mi responsabilidad. No es que no tenga confianza en otros, sino que en última instancia tomo mis decisiones o resoluciones en soledad y según mi propio criterio. Esta particularidad, que cultivé siempre durante mis años como técnico de fútbol, se la debo a mi experiencia como médico. En mis tiempos de estudiante, el doctor León De Soldatti era jefe de cardiología del Hospital Alvear y nos enseñaba durante las prácticas mientras recorríamos la sala de cama en cama. Nos asignaba un paciente a cada practicante para que lo examináramos e hiciéramos un diagnóstico. Todos juntos, con el profesor a la cabeza, íbamos de una punta a la otra del recinto y cada uno indicaba el diagnóstico y la evolución del enfermo que le había tocado. Una mañana, cuando me llegó el turno a mí, ausculté al paciente y encontré todo normal: el pulso, la respiración, el corazón. Acto seguido, De Soldatti también lo revisó. Cuando terminó, con cara de preocupación, me dijo: 'Bilardo, no está todo normal. El paciente tiene un soplo'. Me pidió que repitiera la exploración y así lo hice. Cuando terminé, le señalé al profesor que tenía razón: 'Es verdad, doctor, aquí está, hay un soplo'. Entonces, el doctor De Soldatti, con tono cordial pero severo, me replicó: 'No, no es cierto, no hay nada en ese corazón, es totalmente normal. Recuerde siempre, Bilardo, que el enfermo es suyo. Usted puede hacer una consulta con otro colega, pero el que decide es usted. El enfermo es suyo'. Esa enseñanza me sirvió para la medicina, para el fútbol, para todo. Consulto, pregunto, escucho a todos, pero solo decido según mi criterio. Siempre".

GC: Impresionante lección de liderazgo. Porque no fue obsequiada solo con palabras sino también con hechos. La mejor de las lecciones nunca será a través de un discurso, sino por intermedio de una experiencia.

A propósito de esta lección de liderazgo, un gran amigo mío, Horacio, siempre decía: "Delego funciones, no responsabilidades".

Y no solo la combinación experiencia-enseñanza se dio en el hospital con el médico, sino también en su primer día en Estudiantes de La Plata con Osvaldo Zubeldía y en la estación de trenes: "Nos convocó en la estación a las siete de la mañana, una hora antes de lo normal. Nos dijo que observáramos a la gente. Éramos nueve mirando a miles de madrugadores. ¿Esperamos a alguien más? No, quería que vieran esto. Ustedes son futbolistas. Hacen algo que les gusta. Se puede decir que juegan por placer. Ellos viven corriendo, ganan poco dinero y deben soportar a los jefes. Si me hacen caso y corren, si son buenos profesionales, dejando de lado todo lo demás para entrenar fuerte, doble turno, concentrarse y vivir para esto unos cinco años, podemos llegar lejos. Serán famosos y ganarán dinero. Y si no fuera así -mirando la muchedumbre- seremos uno más de ellos".

Aunque usted también se encargó de brindar lecciones con hechos antes que con palabras. Como el día que un jugador faltó a un entrenamiento y usted luego de la práctica se dirigió a su casa invitándolo a entrenar en una plaza. ¡Ese jugador no volvió a faltar!

CB: "Después de los partidos o en el primer entrenamiento, nosotros tirábamos arriba de la mesa todo lo bueno y lo malo que había pasado: si alguno no había corrido lo suficiente, si nos habían hecho un gol por el descuido de uno o más de nosotros, o lo que fuera que no había salido como estaba pensado. Zubeldía marcaba los errores que había advertido y les buscábamos la solución entre todos".

GC: También unos adelantados en ello. Hoy vemos como, en un deporte hiperprofesionalizado, los entrenadores ceden la pizarra a los jugadores, permitiendo que sea a través de sus ideas donde se encuentren las soluciones. No todas tienen que nacer de la mente del entrenador. Empoderarlos para pensar soluciones, fortalece el sentimiento de pertenencia y equipo. Por ejemplo, Jim Kerr, entrenador de la NBA, cediendo en un tiempo muerto la pizarra a su jugador André Iguodala. Tras el partido, Kerr declaró: "Se los dije tras el último partido. Les dije que íbamos a hacerlo, que este es su equipo. Creo que es una de las primeras cosas que tienes que tener en cuenta como entrenador. El equipo es de los jugadores. Nosotros como entrenadores podemos guiarles, pero no controlarles. Ellos determinan su propio camino. No hemos enfocado bien las cosas el último mes y creí que es lo que había que hacer. Se comunicaron bastante bien y dibujaron algunas jugadas muy buenas. Fue una gran noche para ellos".

¿Cómo escuchar a un jugador que viene con una idea novedosa, que viene a romper la visión del técnico pero a aportar, significativamente, al funcionamiento del equipo? El desafío es encontrar el canal que no reste autoridad al entrenador (por escuchar a veces ideas complementarias, a veces ideas disonantes) pero que tampoco haga que el jugador se sienta "descalificado" porque no se hace uso de sus ideas. "Julian Nagelsmann es como una universidad. Y todo es su formación, que estimula al jugador a pensar", dijo el exjugador Kevin Kuranyi. "Me gusta despertar el debate con los jugadores, ya sea en el *briefing* del equipo o durante las sesiones tácticas: sus ideas pueden generar nuevas soluciones", expresó el entrenador Mauricio Pochettino. Quien lo dice no se caracteriza, justamente, por ser un entrenador débil o de poco carácter (si no me crees, puedes preguntarle qué piensa el goleador Harry Kane). Pochettino es un entrenador que apuesta decididamente a la creatividad desde todas las perspectivas. Entre otras cosas, dijo: "En el fútbol no todo es fichar jugadores caros, tienes que ser creativo e inteligente". O: "La base fundamental para trabajar en un club, y disfrutar de lo que te gusta, es compartir. Es crear en conjunto", reconociendo el valor de lo que hoy conocemos como cocreación. También expresó: "Nuestro trabajo tiende más a integrar y relacionar absolutamente todo para crear algo único". Quizá el punto radique en el compromiso moral y colectivo que asume el entrenador, al reconocer una idea potencialmente productiva, de hacer uso de esta sin permitir que el ego y los miedos de ausencia de autoridad queden mellados. Es un muy bello desafío, pero absolutamente necesario para diseñar un equipo distinto. La creatividad de los jugadores se escucha, entrena, estimula, registra, valora y ejecuta. La creatividad del jugador se trabaja con método. ¿Entrenar la potencia lleva método? ¿Entrenar la táctica lleva método? Pues la creatividad, también. El manager, además, ha de ser muy activo en la búsqueda de nuevas ideas en su cuerpo técnico. Alfred Sloan, uno de los presidentes más emblemáticos de la compañía General Motors, solía suspender las reuniones en las que se proponían ideas particularmente innovadoras hasta el siguiente día, instando a los participantes a pensar en otras posibilidades para que el surgimiento de una buena idea no opacara la aparición de una mejor.

Es necesario que el entrenador sea quien se muestre más activo en la creatividad, ejercitándola, exhibiéndola, motivándola, en lugar de exigirla. Nadie puede exigir algo que primero no supo dar.

Aquí la importancia de distinguir entre convencer desde una determinada verticalidad y construir desde un intento de horizontalidad compartida. El convencimiento puede llevar, dentro de sí, fecha de vencimiento. La creación compartida jamás porque el jugador defenderá, de ser necesario, hasta el ocaso su propia creación (aunque en esta no haya más que solo unas pequeñas buenas intenciones, alguna palabra de deseo o una idea vaga y desdibujada). Vamos camino a una cocreación entre jugadores y entrenadores. Además del ejemplo de Steve Kerr, entrenador de los Golden State Warriors (fueron campeones en la NBA), siendo capaz de ceder la pizarra táctica para que sus jugadores diseñen la siguiente jugada, podemos mencionar a Sampaoli; en plena preparación y a días del Mundial 2018, les permitió a sus jugadores la planificación completa de un entrenamiento, tarea que estuvo a cargo de Mascherano, Messi y alguno más. Los entrenadores consensuan cada vez más con los jugadores y esto se hace cada vez más de una forma abierta y transparente (porque convengamos que no es la primera vez que ocurre en la historia del fútbol, pero antes había mucha hipocresía de no ventilar esas dinámicas internas por miedo al "qué dirán" y la pérdida de liderazgo del entrenador). El futbolista Javier Mascherano dijo: "Los mejores técnicos también les piden consejos a los jugadores, porque somos los que decidimos en el campo". Hay una lógica muy coherente en esa perspectiva. ¿Cómo prescindir de las opiniones de los verdaderos ejecutores? En pleno partido del Mundial 2018 se lo vio a Sampaoli dialogando con Messi y hablando la posibilidad de poner a Kun Agüero. Todo esto mientras el balón rodaba. Esto, en otro momento de la historia del fútbol, no hubiese sido aceptado. Hoy se toma con mayor naturalidad.

La cocreación es una tendencia Mundial en el fútbol. Y ya no solo en la relación entrenador-jugador. En Brasil, Fernando

Lázaro es el coordinador del Centro de Investigación y Análisis de la Confederación Brasileña de Fútbol y uno de los asistentes del entrenador Tite. ¿Qué hizo de original? Inició un concurso con los departamentos de análisis de los veinte clubes del Brasileirão, para que analizaran las distintas selecciones mundialistas en 2018. Los mejores informes fueron premiados con los realizadores de los videos acompañando a la delegación brasileña a Rusia.

CB: "Yo lo único que hice fue discutir, discutir, discutir, con la gente de Le Coq. El problema es que Le Coq, en México, me tenía podrido con el cuello. Ellos lo querían redondo y yo lo quería en 'v'. Antes de los partidos hablaba con los jefes y les decía 'hace un calor terrible, cortá el cuello', pero no me daban bola; así que agarré una tijera y la corté yo. Le hice un escote delante de ellos. Me decían: 'No, ese no es el diseño'. Y yo les retrucaba: 'Entonces decile al que la diseñó que los jugadores no pueden estar así'. Porque los jugadores se hacían así con el cuello (Bilardo se lleva la mano a su nuez de Adán y hace el gesto del pez que boquea fuera del agua). Corté la camiseta con escote en 'v' y se armó un quilombo bárbaro".

GC: Defender con tanta pasión lo que puede considerarse un detalle (no importa aquí su tamaño, que por lo visto era un detalle importante) garantiza al jugador que tiene a su líder dispuesto a defender todo lo que haya que defender. En los detalles también se construye liderazgo.

> "Bilardo fue un padre futbolístico"
> (Diego Simeone, exjugador de la selección argentina y entrenador)

CB: "Mozo, tráigame una a mí".

GC: Impresionante anécdota de cómo llegaron a la final del Mundial 86 comiendo (por cábala) hamburguesas en un *shopping* (para conocer la anécdota completa recomiendo la lectura del libro *El Partido. Argentina-Inglaterra* de Andrés Burgo).

Lo que viene a cuento acá es como usted se adaptó a una situación y extrajo valor de ella. No era conveniente "enojarse" con tantos jugadores. Y mucho menos si entre ellos se encontraba

Maradona. Así que, rápido de reflejos, se integró a compartir con ellos con un "Mozo, tráigame una a mí".

Es que, en ciertas ocasiones, lo que se pierde en aspectos científicos y tangibles (nutrición correcta) puede ganarse en aspectos socioafectivos e intangibles (compartir sorpresivamente algo con los jugadores).

Aprovecho este punto para compartir otra anécdota "gastronómica". En 2016 uno de los equipos denominados "chicos" de la Premier League de Inglaterra, el Leicester, se corona campeón. Una de las herramientas de motivación (y de cohesión grupal) más importantes desplegadas por su técnico, Claudio Ranieri, era obsequiarles pizzas a los jugadores. Ranieri reconoció que no encontraba motivación para dejar su portería en cero, la principal preocupación: "Así que, finalmente, antes del partido contra Crystal Palace, dije: 'Vamos, chicos, vamos. Si mantenemos la portería en cero, los invito a comer pizza'. Por supuesto, mis jugadores dejaron la portería en cero contra Crystal Palace. 1-0. Así que mantuve nuestro acuerdo y llevé a mis jugadores a Peter Pizzeria en Leicester City Square. Pero les había preparado una sorpresa. Les dije: 'Tienen que trabajar para lograr cualquier cosa. Así que trabajen también para su pizza. Haremos nuestra propia pizza'. Así que fuimos a la cocina con la masa, el queso y la salsa. Hicimos nuestra propia masa. Fue muy buena, además. Me comí muchos trozos. ¿Qué puedo decir? Soy italiano. Me encanta la pizza y la pasta. Ahora dejamos la portería en cero a menudo. Una docena de veces después de la pizza, de hecho. No creo que sea una coincidencia".

Puede resultar irracional asignar valor a una pizza, pero no es la pizza... son todas los atributos simbólicos que esconde compartir una pizza.

"La hamburguesa de Bilardo" guarda íntima conexión con "la pizza de Ranieri" y nos enseña que hay ciertas cosas que no deberían hacerse; sin embargo, desobedeciendo el "manual de lo correcto", obtendremos mayores recompensas que acatándolo.

Uno no puede permitirse desobedecer el "manual de lo correcto" todo el tiempo. Pero tampoco puede no permitirse nunca un pequeño desvío.

CB: "A la gloria no se llega por un camino de rosas", decía siempre Osvaldo (Zubeldía, el entrenador). Fue su respuesta cuando alguno se atrevió a preguntar por qué había ordenado que nos concentráramos... ¡40 días antes del primer duelo por la Copa Intercontinental! 'Tal vez nunca en la vida se repita la suerte de jugar una final de éstas', argumentó.

GC: Cuánto estás dispuesto a dar, y especialmente, cuánto estás dispuesto a sacrificar por ello, dice mucho de cuánto en verdad deseas lo que dices desear. Una vez más, los hechos (lo que harás para cumplir ese deseo) dicen mucho más que las palabras (lo que dices desear).

CB. "En pleno Mundial tuve un contacto con el presidente del club español Real Madrid, Ramón Mendoza. Este dirigente quería que yo le firmara un contrato para dirigir al equipo merengue a partir de la finalización del Mundial. Sin embargo, a pesar de la oferta millonaria de Mendoza, le contesté que no podía negociar con Real Madrid mientras estaba dirigiendo a la selección argentina. Si hubiera firmado, habría perdido toda autoridad sobre mis jugadores".

GC: Siempre dije y quedó plasmado en mi tercer libro, *El pensamiento en montaña rusa*: "El liderazgo ha de ser íntegro, de lo contrario serán jefes, patrones, directores, superiores, coroneles, CEO, gerentes, entrenadores... pero nunca líderes".

CB: "Antes del partido con Bélgica comenté en la charla técnica al final de la reunión: 'Muchachos, mátense porque si hay algo que no puedo soportar es ver las finales por televisión'".

GC: Siempre un refuerzo motivacional más. Siempre uno más.

CB: "En el fútbol hay que ir evolucionando, como en la vida. Vos no te podés quedar con esto porque un día te sirvió. Un antibiótico te sirvió, pero también tenés que tomar los de ahora sino te morís. No te podés quedar con lo de antes. A vos no te pueden operar del corazón como lo hacían en el año 1950".

GC: Sin decirlo, con solo interpretar sus palabras (y también todo lo que supo hacer), se nota desde lejos que es un fiel cultor de la creatividad y la innovación, y la promociona como tal. A mí, que me dedico a ello, me obliga a estar agradecido de haber transmitido ese mensaje, instando siempre a imaginar, crear, inventar e innovar.

CB: "Después de perder con Camerún en la inauguración del Mundial 90, cuando llegamos a la concentración, yo me quedé hasta las seis de la mañana hablando con los más grandes, no se podían dormir... Con los más chicos había hablado hasta las tres... Al otro día la seguimos con los primeros que se levantaron y apenas terminamos de almorzar ya di el equipo. En ese momento me di cuenta que había hecho bien... Lo que se habló siempre quedó entre nosotros... Sobre el partido, sobre la forma de actuar, sobre lo que había pasado...".

GC: El líder debe derramar, como mínimo, una gota de sudor más que el liderado.

Un acto de liderazgo (irse a dormir último luego de hablar con todos) tanto como un acto de creatividad (confirmar enseguida el equipo para el siguiente partido: eso elimina dudas y entrega certezas).

CB: "¡Piensen en Argentina! ¡Transpiren y orinen sangre!".

GC: (Frase motivacional utilizada minutos antes del partido Argentina-Inglaterra de 1986). Sí, el famoso partido de "la mano de Dios" y el mejor gol de la historia de los Mundiales.

CB: "Cuando escucho que, en relación a un plantel, se dice 'los referentes', no lo entiendo. Ese referente, con el tiempo, va a ser un cabecilla si los resultados no se dan. En un plantel tienen que opinar todos: en las reuniones para arreglar los premios, en las concentraciones, en los viajes. Nosotros nos juntábamos todos en el comedor de la casona y, generalmente, con cada tema a tratar había tres mociones. Cada uno debía argumentar su voto".

GC: Me hizo recordar a una breve anécdota que cuento en el libro *Guardiola, el ladrón de ideas*. A Sócrates, con la ayuda de Casagrande y Wladimir, se lo conoce como el creador del vestuario-democracia (la famosa Democracia Corinthiana), donde cada una de las decisiones eran votadas por todos los integrantes del plantel: horarios límite de entrenamientos, menú en los viajes, quienes deberían concentrar, etc. Esto no sería nada creativo si estas acciones no se hubieran desplegado en un contexto político complejo de Brasil, donde no se permitía la votación.

CB: "Tata, morite ahí adentro, eh".

GC: Heroico lo de José Luis Brown, jugando la final del Mundial con ese hombro lesionado y con el brazo en forma de "cabestrillo" para intentar inmovilizarlo lo máximo posible, con el dedo pulgar dentro de un agujero en la camiseta.

Hay situaciones en las cuales, si hay una lesión y ella no reviste gravedad de vida o muerte, el jugador debe quedar en la cancha. Yo mismo recuerdo, como si fuera hoy, una anécdota similar a la suya.

Año 2001. Final de los Juegos Bonaerenses. Cancha del Club Quilmes de Mar del Plata. Quedarían tres o cuatro minutos. Final gol a gol. Gol nuestro. Gol de ellos. Uno de mis jugadores se dobla el tobillo y tiene un esguince. Intenta seguir y me dice que no puede. Me pide cambiar. Es cierto, no podía. No era un jugador que pidiera un cambio si la lesión no lo exigiera. Sin embargo, le negué el cambio. Le dije "Juan, vos no salís, terminás el partido como sea". Como pudo, arrastrando (literalmente) su pierna siguió hasta el final y finalmente salimos campeones ganando por un gol.

En determinadas situaciones, donde la lesión no pone en riesgo la vida, soy de los que creen que un jugador debe tener el temple y coraje para continuar un juego. Atravesar ese tipo de situaciones te fortalece hacia un futuro, porque te obliga a tolerar el dolor, superar la adversidad y continuar. La vida misma es un poco así. Uno no puede abandonar ante determinadas "situaciones de vida": debe seguir, como sea; a veces por un hijo, a veces por uno mismo.

El deporte en situaciones como esta (insisto, donde no pone en juego la vida) es muy educativo. Mi Juan le dio una lección a sus compañeros, rivales, espectadores del partido y a él mismo.

José Luis Brown, en una final de un Mundial, le dio una lección al mundo entero.

CB: "Yo les mostraba todo a los jugadores, también cómo manejarse en un aeropuerto".

GC: Practicar el himno, enseñarles cómo manejarse en un aeropuerto y otras cuantas cosas más, puede hacer un individuo donde el amor por lo que hace y la pasión por el detalle termina haciendo la diferencia. El detalle más pequeño enriquece cada una de las partes del todo. El detalle más pequeño queda impregnado para siempre en la cabeza del jugador. Harry Kane aún no puede olvidar lo que le ocurrió luego de su primer *hat-trick* en el Tottenham; Mauricio Pochettino, su entrenador, lo llamó a su oficina y al entrar lo estaba esperando con una copa de vino en la mano para brindar y hacerse una foto. El detalle, que parece ser un porcentaje muy ínfimo del rendimiento, termina siendo decisivo. Los jugos de zanahoria que consumían los jugadores del Leicester campeón del 2016 en Premier League, según estudios científicos, tenían una incidencia de mejoría no mayor al 3,5% en un *sprint*; sin embargo, si tenemos en cuenta que el ganador de un *sprint* se decide por milésimas de segundo, el detalle no es menor sino mayor. Los detalles pueden ser aplicados en cualquier expresión del rendimiento: lo vincular (Pochettino), lo nutricional (Leicester) y también lo táctico. El entrenador Héctor Cúper decía: "Soy de comer poco y menos en los días de partido. Pienso que si me concentro lo máximo que esté a mi alcance, puede aparecer el detalle que lo decida todo, pero si no estás atento se va en un momento. No me gusta relajarme".

CAPÍTULO 3
COSAS DE FÚTBOL

"Bilardo fue el mejor entrenador que tuve en mi carrera" (Fernando Cáceres, exjugador de la selección argentina)

CB: "El fútbol profesional es ganar y solo ganar. Yo soy como Muhammad Ali: durante la competencia no tengo amigos, y a los contrarios, si puedo, los mato y los piso".

GC: "Ganar, ganar, ganar y volver a ganar", decía el entrenador Luis Aragonés. Napoleón Bonaparte se preguntaba: "¿Qué importa el camino con tal de que se llegue?". "Ya no existe la bohemia de antes. Hoy el mensaje es más claro: si ganás, servís; si perdés, no", comentaba Adolfo Pedernera en 1994. Muhammad Ali nunca mordió una oreja para ganar (como pudo haber hecho Tyson). Ali se imponía en base a un boxeo técnico descomunal. Pero entiendo el punto y se da una fuerte paradoja aquí. El entrenador para sobrevivir necesita ganar. Pero el fútbol para sobrevivir necesita del espectáculo, del goce, del disfrute. La prueba de ello son las múltiples mutaciones que sufrió el reglamento en busca de favorecer el espectáculo (desde la modificación del *off-side*, la premiación de tres puntos por obtener la victoria, hasta la imposibilidad del portero de tomar la pelota con la mano al recibir un pase de un compañero). Con esa paradojal contradicción debe convivir un entrenador de fútbol. Por otro lado, hay muchas formas de "matar" o de "pisar": la anímica es una, la futbolística es otra. Combinadas, ambas, es el asesinato perfecto. Pero ¿por qué tanto miedo a la derrota o al fracaso? Es que el fracaso, para muchos, es un golpe de afectación fuerte pero transitoria y para otros es un golpe del que les resulta imposible recuperarse. Por eso se hace lo imposible para evitarlo. En la semifinal del Mundial 98, el croata Boban comete un error que direcciona la serie en su contra y recuerda: "Hice un error que nunca en mi vida cometí. Perdí un balón en semis, un minuto después de haber marcado. Regalé la final a Francia. Fue un grave error. Gol de Thuram, después llegó el segundo. Estuve dos días sin comer, sin dormir". En algunos casos se llega a situaciones extremas. Veamos una. Agostino Di Bartolomei, mediocampista de la Roma, perdió la final de la Copa de Europa frente al Liverpool. Nunca más pudo recuperarse de ello. Luego de la derrota comenzó una serie de transferencias hasta terminar en un equipo de Serie C. Se retiró del fútbol. Exactamente a los 10 años de aquella derrota, Di Bartolomei se suicidó. Uno nunca sabe lo que va a desencadenar una derrota, pero si sabe lo que va a ocasionar un triunfo. Continuar la supervivencia. Dijo el director del periódico *La Cuarta* de Chile: "Cuando Colo Colo pierde vendo siete mil ejemplares menos, si Colo Colo gana vendo 15 mil ejemplares más". Por cosas como esta, también el fútbol ha obligado más a ganar que a jugar.

Como regla general, es necesario "hacerse muchas preguntas en el triunfo" y "mantener algunas certezas en la derrota". De esa forma, se evitará caer tanto en optimismos exacerbados como en pesimismos injustificados.

	LO QUE SUELE SER	LO QUE DEBERÍA SER
TRIUNFO	No se toca nada ni se cuestiona nada.	Hacerse preguntas y replanteos.
DERROTA	Cambiar todo, cuestionar todo (en el mal sentido), dudar de todo.	Mantener algunas certezas que marcan el norte.

CB: "Con el tiempo, la calle continuó con sus enseñanzas aunque desde otros ángulos".

GC: Linda coincidencia con Menotti.

CB: "Llevamos a México varios paquetes de bombitas de carnaval, que llenábamos con agua para tirárselas a los jugadores. Después, la FIFA se quejó porque había muchas bombitas reventadas en la cancha. Pero fue un gran acierto porque a nadie más se le había ocurrido este método. También poníamos globitos junto a la portería, debajo de una toalla. Mis jugadores sabían dónde estaban".

GC: Para alguien que se dedica a la creatividad e innovación aplicada al fútbol, en sus distintas ramas (táctica, entrenamiento, motivación, liderazgo o simplemente detalles), enterarme de cada una de estas anécdotas me provoca un goce infinito. Además de saber que estoy en la disciplina correcta: sin creatividad no pueden inventarse las ideas que van a solucionar los problemas y afianzar los detalles. Porque, como todos reconocen, se ganan y se pierden partidos (y campeonatos) solo por un detalle. Un mínimo e insignificante detalle marca la diferencia entre el triunfo y la derrota. ¿Cómo no darle una mínima importancia al acto creativo entonces si, en verdad, la tiene toda?

El arquitecto Charles Eames dijo alguna vez: "Los detalles no son los detalles. Los detalles son el diseño". El detalle es la mínima parte del todo. Pero sin el detalle, el todo no sería todo. Sería algo incompleto. Y a cada detalle que falta, más incompleto aún. Además, hay detalles creativos que logran realzar el valor del resto. En términos matemáticos un detalle, que ocupa un 1% del total, puede potenciar el 99% restante que, por alguna razón, estaba necesitando de "ese detalle" para cobrar fuerza y significación. Héctor Cúper, entrenador argentino, decía que el fútbol tiene eso, de pronto cambia o se toca una cosita que estaba ahí dormida. Y los equipos empiezan a ganar. Uno nunca sabe el valor de un detalle, por eso jamás ha de menospreciarse su valor en la fuerza del todo. Nunca un detalle debe ser visto como superfluo o innecesario. Ya lo decía el cantante Bruce Springsteen: "No puedes empezar un *fuego* sin una *chispa*".

Una buena chispa puede hacer arder (y fluir) el juego y espíritu competitivo de un equipo. Una chispa puede desatar una oleada de energía positiva en la motivación grupal. Una chispa puede cambiar la alegría con la cual un plantel se predispone al trabajo en los entrenamientos. Una chispa... siempre una chispa.

CB: "El primero de enero de 2001, primer día del nuevo milenio, lancé mi candidatura a presidente de Argentina por el Partido Unidad Nacional UNO. Queríamos hacer algo por un país que nos había dado todo".

GC: Lo recuerdo perfectamente, tanto que había decidido entregarle mi voto. Mi razonamiento era bastante simple. Estaba convencido que se iba a dedicar con pasión, criterio, obsesividad, ideas y honestidad a gobernar.

CB: "A mí la Copa América me interesa pero más me interesa el Mundial, que es el evento más importante desde el punto de vista deportivo, más que los Juegos Olímpicos, dicho por la FIFA. ¿Tenemos que jugar bien cada cuatro años? No, hay que jugar bien cada dos años porque si jugás mal, quedás afuera".

GC: La importancia de tener bien en claro el objetivo principal; los objetivos secundarios y los restantes, directamente, no son objetivos. No es conducente estar distrayéndose en cientos de objetivos. Cuando uno focaliza, conduce la atención estratégicamente; optimiza la toma de decisiones; observa el tablero desde una perspectiva global; visualiza creativamente, orientado a los objetivos; aprende a manejar (y le hace aprender a los suyos) la espera y la ansiedad que provocan las grandes citas globales.

CB: "La gente cuando va a un concierto pide otra canción más, el hincha cuando va ganando pide la hora".

GC: Interesante metáfora sobre la perspectiva de qué pide un espectador según sea un espectáculo cultural o deportivo. Claro, en todo caso, en un concierto hay un fanatismo sin rivalidad, mientras que en un partido hay un fanatismo con un rival que nos quiere arrebatar lo que hemos conseguido. Mientras en un uno lo único que queda es obtener más ganancia, en el otro puede haber una pérdida grande.

CB: "Yo hablo con todo el mundo porque no me considero el dueño de la verdad".

GC: Nadie lo es y mucho menos en fútbol.

CB: "En los congresos médicos, el más sabio escucha al más modesto y después saca sus conclusiones: si sirve lo que dijo, lo agrega a sus conocimientos; si no le sirve, lo deja de lado. La medicina y el fútbol me dieron un concepto ético".

GC: También muy interesante.

CB: "Los periodistas no entendían lo que queríamos hacer. Nosotros jugábamos sin laterales y ellos se quejaban porque Giusti y Olarticoechea jugaban de laterales-mediocampistas. No entendían, no entendían lo que les decía a varios de la prensa. Yo les mostraba videos que hacíamos de nuestras prácticas y la gente nos seguía cuestionando, pero esos dos (Giusti y Olarticoechea) me venían al pelo para lo que quería hacer en México".

GC: A pesar de estar hablando, quizá, de ideas futbolísticas diferentes, todos los innovadores están y estarán atravesados por la misma incomprensión. Hasta se podría decir que si no hay incomprensión, no hay innovación. Johan Cruyff, en sus inicios revolucionarios en Cataluña, confesó: *"¿Si recibí críticas cuando fui entrenador del Barça? El 90% de la gente no entendía lo que estaba haciendo. Por lo que nunca, realmente, me preocupó demasiado"*.

La innovación, en sus inicios, siempre lleva el estigma de la incomprensión.

CB: "Yo grababa los partidos pero los grababa en persona, eh. Llevaba las cámaras, la filmadora, las luces, llevaba todo. Me ponía en alguna parte de la cancha de River, Racing o Independiente. En Ezeiza no porque ahí ya tenía todo montado. Había hecho un lugar para estar más alto y grabar mejor. Después, en los partidos de cada jugador, yo pedía permiso para filmar a los clubes y me dejaban llevar todo".

GC: En tiempos donde, desde una aplicación en un móvil, usted puede acceder a videos de cualquier futbolista del mundo, su anécdota pareciera estar ubicada en el siglo XVII. Sin embargo, ocurrió hace menos de cuarenta años. Es que la velocidad de cambio, evolución e innovación, que nos atraviesa, se fue volviendo exponencial. Hacia 1900 el conocimiento de la humanidad se duplicaba, aproximadamente, cada 100 años. Hacia 1945 ya se duplicaba cada 45 años. En la actualidad se duplica cada trece meses. Pero se estima que, en poco tiempo, gracias a la inteligencia artificial, Internet de las cosas, *machine learning*, aprendizaje profundo y demás tecnologías disruptivas: el conocimiento se duplicará cada ¡12 horas!

CB: "Espero que los muchachos se vayan acostumbrando. Hay que darle importancia al fútbol de mujeres. A mí, a mí eh, me gusta el fútbol femenino".

GC: Hoy sería novedoso ver cualquier equipo de Primera División masculina entrenando con mujeres. Pues usted ya lo hizo en 2003 cuando dirigía a Estudiantes de La Plata. Desde esa fecha hasta entonces que el fútbol femenino ha avanzado mucho en Argentina y en el mundo, y estoy seguro que usted está muy orgulloso por ello.

CB: "Yo digo que al contrario no hay que darle ni agua, el *fair play* es un invento de los británicos. En el fútbol de hoy nadie da ventajas, por eso mis equipos no deben regalar nada".

GC: Un trago de agua al rival le da más brillo al triunfo y dignidad a la derrota.

CB: "Hay que hacer reuniones con los padres. Los padres no pueden pedirle resultados a un chico de diez años, once años. La abuela no le puede preguntar a un chico ¿cómo saliste? Hay que preguntarle ¿te fue bien? ¿Estás contento? No se puede ocupar de un resultado. Eso hay que desterrarlo".

GC: Uno de los entrenadores más radicales de la historia, orientado a entender el juego desde una visión que lo único que sirve es ganar, deja bien en claro que en el juego formativo de los niños nadie puede, ni debe, exigirle el triunfo. La formación del futbolista no va de la mano con la obligación del triunfo.

Si el niño está "obligado a ganar" también está obligado, por carácter transitivo, a no equivocarse. El miedo al error paraliza la exploración, una conducta posible que le permitirá al niño vivenciar situaciones que faciliten su aprendizaje. Si no explora, no practica; y si no practica no aprende.

CB: "Esto es lo peor que me pasó en mi vida de técnico".

GC: Esto lo dijo luego de perder el primer partido del Mundial 90 frente a Camerún y demuestra, a forma cabal, la importancia que le asigna al triunfo y a la derrota.

> "Bilardo posee perfección en su trabajo. Se preocupa por los detalles, es un orientador psicológico del equipo"
> (Pelé)

CB: "Brown, jugás vos".

GC: José Luis Brown era un zaguero central que estaba sin equipo al momento de ser citado para el Mundial 1986. Y cuando Passarella no pudo jugar, Bilardo sentenció esa corta frase. Esto viene a cuento que seguir lo lógico no siempre es seguir lo correcto. Bilardo realizó una apuesta extravagante al ubicar en un Mundial a un jugador sin equipo... y que venía sin jugar. Pero ¿creen que alguien toma decisiones extravagantes para que entreguen resultados en contra de lo esperado? Nadie es tan tonto para autoboicotearse. Y Bilardo creía en Brown, y Brown creía en Brown. A tal punto que jugó un buen Mundial e hizo el primer gol de la final contra Alemania. El compromiso del zaguero era tan grande con los colores de la selección argentina y con Bilardo (la confianza extrema debe devolverse con entrega extrema), que jugó una gran parte de la final con el hombro muy deteriorado hasta el punto de tener un brazo anulado, sostenido solo por un agujero en la camiseta para que obre de cabestrillo improvisado.

CB: "En 1972 viajamos con Madero a Europa con el objetivo de presenciar los Juegos Olímpicos de Munich y, de paso, ver partidos de fútbol y entrenamientos de varios equipos importantes del Viejo Continente. La idea del viaje no era hacer turismo. Teníamos poco dinero para tratar de ver todo lo que pudiéramos en relación al fútbol o a la organización del deporte en Europa. A Raúl le interesaba más la parte médica; a mí los entrenamientos, las instalaciones, la preparación física. Yo tenía una camarita y filmaba todo lo que podía".

GC: Hoy, en el apogeo de la máxima globalización, donde todos los entrenadores desfilan por el mundo visitando los entrenamientos de Guardiola, Klopp o Mourinho, usted ya lo hacía en ¡1972!

CB: "En mi época como entrenador hablaba mucho con las parejas de mis jugadores, que a veces me ponían al tanto y yo trataba de solucionarles cualquier clase de problema a mis futbolistas. Es necesario hablar, ya sea con la mujer, la familia, con amigos, con todos. Es que si el jugador está mal de la cabeza, suele reflejarlo en la cancha".

GC: Buena anécdota para alimentar el mito de que estaba en todos los detalles.

CB: "Simeone es el entrenador que en la actualidad se parece más a mí. De juvenil le decía 'Cholo, cuidate, vas a dirigir vos, vas a dirigir un equipo grande algún día'. El Cholo era mediocampista y yo decía que era un 'todocampista'. Lo vi llorar a los 16 o 17 porque perdimos un partido, quienes se emocionan sienten mucho más el fútbol y, sin duda, Simeone es uno de los mejores".

GC: Otro de sus tantos pronósticos. Otro de sus grandes aciertos.

CB: "Me reuní con Grondona y, en ese mismo encuentro, me ofreció dirigir la selección. No lo tuve que meditar demasiado: desbordado por la emoción y la felicidad, de inmediato le dije que sí. Económicamente, el cambio no era positivo porque había aceptado menos plata de la que cobraba en Estudiantes de La Plata, pero ese era un detalle muy menor: yo quería dirigir a la selección argentina".

GC: El dinero nunca puede ser un obstáculo en el camino a la gloria. Porque, justamente, la gloria no tiene nada que ver con el dinero.

Me permito contar una anécdota aquí. En cierta oportunidad, algún torneo que jugábamos tenía como premio la posibilidad de viajar a Europa. El torneo era prestigioso y además entregaba ese "agregado de valor". Habíamos salido consecutivamente campeones en dos años seguidos, viajando en ambas oportunidades a destinos turísticos del interior de Argentina. Al año siguiente, por problemas económicos, los organizadores retiraron los viajes de la premiación. Cuando mis jugadores se enteraron, exclamaron: "¿Y ahora por qué vamos a jugar?". Sentí una decepción abrumadora que duró unos breves instantes, los mismos que utilicé para comprender a esos jóvenes influenciados por una cultura de éxito asociada a lo material. Algo que siempre desprecié. Mi padre ejerció una gran influencia en mí, hablándome de "gloria", "fuego sagrado", etc. Mi idealismo tiene origen en el idealismo de mi padre. Velozmente les contesté: "Vamos a jugar por la gloria y al que ello no le interese, no lo quiero en este equipo" (y es cierto que no los quería: alguien que no tiene "hambre de gloria" jamás podrá brindar su mejor versión). El cambio en las reglas del torneo me dio la oportunidad de enterarme que una visión sobre la vida y el deporte, que creí que estaba clara, no estaba tan clara como yo pensaba. Nunca un viaje (ni ningún otro premio de carácter material) fue ni será más importante, para mí, que la gloria deportiva.

CB: "El fútbol son 11 contra 11 y le tenés que meter el gol al portero que no come ni toma el té con nosotros".

GC: Su infinita capacidad de crear frases célebres.

CB: "Si pega en el palo y entra, sos el técnico más grande del mundo. Si pega en el palo y sale, sos el peor técnico del mundo".

GC: Una gran verdad que nos permite entender el apego al resultadismo extremo.

CB: "Antes analizar al rival era poco menos que un escándalo. Hoy parece increíble que un equipo salga a la cancha sin conocer a su contrincante".

GC: Decía Mark Twain: "Un hombre con una idea nueva es un loco *hasta que la idea triunfa*".

CB: "Lo que pasa en África es que aprenden a jugar al fútbol sin porterías, entonces llegan tocando al área y no saben meter goles".

GC: El fútbol como hecho cultural. Se compite como se vive.

CB: "Las primeras pesas que tuvimos, a mediados de 1983, las armamos nosotros con tachos para abaratar costos. Les solicité algunas latas de aceite a los empleados de una estación de servicio del barrio de Flores, situada en Boyacá y Avellaneda. Le pedí unos fierros a un herrero y armamos las pesas con esas latas que

rellenamos con cemento, calculando más o menos el peso que debían tener. Después, las pintamos con los colores argentinos, un detalle nada menor".

GC: Parece increíble que las pesas de una selección nacional se hicieran de esa forma, pero supongo que son cosas que ocurrían en ese entonces. Aquí lo que me impacta no es eso, sino el detalle de pintarlas con los colores de Argentina. Qué idea tan pequeña y revolucionaria a la vez. Qué forma de impregnar más sentimiento al sentimiento. Las pequeñas ideas son, muchas veces, el germen de grandes logros.

CB: "Los alambrados en los estadios argentinos son bastante altos (los de atrás de las porterías, en algunos caos, superan los diez metros). Yo digo que no hay que penar al hincha que toma una pelota que se fue a la tribuna y se la lleva, hay que hacerlo con el futbolista que la pateó ahí; decirle: 'Esa la pagás vos'".

GC: De esa situación de juego en los partidos se puede extraer una acción creativa de motivación o desafío para los jugadores. Por ejemplo: multas (simbólicas y divertidas) a pagar a los compañeros por cada delantero que manda el balón a la tribuna, tanto como un defensor que no le acierta a la cancha en un despeje o un portero que equivoca un despeje con los puños. Este tipo de "apuestas" por un lado divierten (porque luego sobrevienen los chistes, chanzas o cargadas); por otro lado, tienen el potencial de despertar una especie de "orgullo" en el jugador que incentive las prácticas técnicas de aquellos elementos que componen el desafío. Es tarea del cuerpo técnico proponer ese tipo de desafíos. Es que si no lo hacen, el jugador se lo inventa por sí mismo. Contaba Kevin-Prince Boateng que cuando Ronaldinho se lo proponía, iba a los entrenamientos y avisaba antes a qué compañeros les iba a hacer un túnel que al final se los hacía.

> *"Bilardo es la persona que más me ha influido en el fútbol y en la vida"*
> *(Monchi, Director Deportivo del Sevilla de España)*

CB: "Tienen que tener una máquina que haga radiografías ahí, al costado de la cancha, entonces lo sacan cinco minutitos, le hacen la radiografía y ya saben lo que tenés".

GC: Su obsesividad es bien reconocida por todos. La misma que tuvo como entrenador ya la tenía de su época de estudiante de medicina, como aquel día que debutó, convirtió dos goles y minutos después del partido ya estaba estudiando el corazón de una vaca para la materia de cardiología.

La obsesividad del entrenador es una respuesta adaptativa (supervivencia) a entornos hostiles e hipercompetitivos. Ya lo había dicho Andrew Grove, el fundador de Intel (memorias de computadoras), en la tapa de su libro de los años 90: "Solo los paranoicos sobreviven".

Su obsesividad por la eficiencia y detenimiento por el detalle le permite ver cosas que el resto no ve. Y también le permite realizar propuestas que el resto puede considerar superfluas. Así nace la innovación: de necesidades no satisfechas. Yo no diría solo radiografías (¿tendrá el nacimiento de esta idea relación con las tres fracturas que sufrió como futbolista?). También encefalogramas, resonancias magnéticas, análisis sanguíneos, etc. Toda la tecnología diseminada en distintos institutos debe estar en el lugar y al instante en un fútbol de alta competencia. Avanzado el siglo XXI y sin un dispositivo que realice radiografías en un campo de fútbol es una contradicción en sí misma. La tecnología es campo de juego pero también es entrenamiento. ¿Vieron los famosos ejercicios con escaleras de coordinación? Pues bien, pronto se harán en conjunto con la realidad virtual y especialmente con realidad aumentada (hoy disponer de la tecnología de realidad aumentada cuesta unos cincuenta mil dólares al año e incluye la jaula de entrenamiento, software, gafas y capacitación). Así, a la coordinación de las piernas se le agregará, de forma simultánea, alguna tarea de interpretación perceptiva o resolución cognitiva (actualmente existen formas bastante rudimentarias de entrenamiento con realidad aumentada, especialmente aquellas que favorecen los juegos tipo *freestyle* aunque hay otras formas útiles para el desarrollo de la técnica del pase y el remate, que consiste en dividir, por ejemplo, la portería real en múltiples cuadrados virtuales y el software devuelve los resultados de la precisión al ejecutar). Esto está bastante lejos aún (pero llegaremos pronto, los cambios tecnológicos son vertiginosos) a tener que ir solucionando distintos "problemas añadidos" a los que ya no está devolviendo, naturalmente, la actividad o el juego. La necesidad de desarrollar y potenciar el bendito "jugador inteligente" que todos los entrenadores propician, se verá muy favorecida por el uso de estas tecnologías.

Ahora, hay bastantes evidencias para distinguir un jugador inteligente de uno que no lo es. Hay bastantes evidencias para distinguir un jugador creativo de uno que no lo es. De lo que no hay tantas evidencias es para poder distinguir un jugador eficiente de un jugador eficaz. Se usan como sinónimos y no lo son. Un jugador eficaz hace bien las cosas que demanda el juego. Un jugador eficiente hace un cambio de frente impecable sin incidencia en el juego. Un jugador eficaz hace un cambio de frente impecable, necesario para el flujo ofensivo.

CB: "Pienso mucho más rápido de lo que hablo".

GC: Excelente cualidad sobre todo viendo que existe gente que habla más rápido de lo que piensa.

CB: "Cacho, no importa lo que elijas, cuando caiga la moneda al suelo, salga lo que salga, empezá a festejar y saltamos todos, nos tiramos al piso encima de la moneda y nos abrazamos".

GC: ¿Hasta dónde esta anécdota pertenece al universo de la picardía o la excede? Esas palabras, que se las dijo a Malbernat, ocurrieron en agosto de 1967 durante una gira por Europa de Estudiantes de La Plata, disputando el Trofeo Luis Otero, en Pontevedra. El resultado del partido fue uno a uno, inclusive luego de la prórroga. Luego en la definición por penales también se empata y se procede a desempatar por sorteo con el lanzamiento de la moneda. Ocurrió finalmente lo que solicitó Bilardo y Estudiantes se coronó campeón del torneo.

La imaginación competitiva debe ser usada de forma leal. El Liverpool en la final de Europa de 1984 realizó una treta tan inocente como eficaz. Contaba Craig Johnston, el interior diestro de aquel Liverpool, en la revista Marca: "Teníamos que pasar delante del vestuario de la Roma para saltar al campo. Justo cuando ellos estaban concentrados escuchando al entrenador, nos pusimos a bailar, a cantar y a dar golpes en el suelo con los tacos.

'¡Bang, bang, bang!'. Imagínese a 16 tiarrones marchando como un ejército. Aquello sonaba como si fuera un himno militar. No sé qué pensarían los de la Roma, pero debieron creer que se iban a enfrentar a unos *hooligans*". Algo muy parecido ocurrió con la selección argentina de básquet, en la final de los Juegos Olímpicos de Atenas en 2004, al enfrentar nada menos que al *Dream Team* de USA. Resulta pues que ambos equipos estaban en la manga para salir a la cancha cuando los argentinos empezaron a saltar y cantar como si fuera un "pogo" en un recital de rock. La cara de asombro de los norteamericanos enfundados en sus auriculares fue instantánea. ¿Quiénes son estos jugadores que con tanto desparpajo vienen a jugar una final nada menos que contra los mejores del mundo? La selección argentina ganó ese partido y se consagró campeona olímpica (a partir de ahí se los conoció como la generación dorada). Varios de los integrantes de esa selección, entre ellos Walter Hermann, piensan que ese instante previo al juego fue determinante para imponerse a los norteamericanos (donde jugaban Lebron James, Allan Iverson y varias megaestrellas más). Es increíble como muchos equipos dejan pasar oportunidades como estas, que solo requieren un poco de creatividad para pensarlas y de valentía para hacerlas. Porque un "golpe psicológico" siempre allana el camino para un "golpe táctico".

CB: "Todas las posibilidades que ofrece el juego se anticipan y se practican".

GC: No creo que todas, pero sí creo que con esfuerzo, disciplina e ideas se pueden anticipar y practicar más que las que anticipe y practique el rival.

CB: "Los croatas estos no saben nada. Tienen que pedirle al árbitro que Ronaldinho se ponga la camiseta dentro del pantalón para cagarle la costumbre e incomodarlo".

GC: Hay muchas formas de bloquear a un jugador. Y no todas tienen que ver con lo táctico. O sí, esta es una forma tácticamente creativa de buscar anular un oponente por aspectos que exceden la técnica o la táctica. No creo que un jugador del tamaño de Ronaldinho pueda ser desestabilizado por ello. Pero tampoco cuesta nada intentarlo, ¿no? De todos modos, lo importante del ejemplo es entender que se puede desestabilizar a partir de las emociones, de hacer perder el foco y la concentración. De provocar un fastidio. A propósito de desestabilizar psicológicamente a un rival, les comparto el concepto "memoria dependiente de estado", publicado en mi anterior libro *Guardiola, el ladrón de ideas*. El concepto "memoria dependiente de estado" será, para los entrenadores, el sustituto de las cábalas en el fútbol. Se trata de hechos, lugares, situaciones que detonan (recuperan) ciertas memorias, evocando momentos placenteros, felices y ganadores tanto como angustiantes, traumáticos y perdedores. Un concepto verdaderamente útil para potenciar lo "propio" y debilitar lo "ajeno". Dice Zornetzner: "Normalmente, en la formación de la memoria, el patrón específico de excitación presente en el cerebro, en el momento del aprendizaje, se vuelve un componente integral de la información almacenada. La representación neural de este patrón específico de excitación depende del patrón de actividad generado por los sistemas de acetilcolina, catecolamina y serotonina. Es este estado idiosincrático de patrón cerebral único, presente en el momento de la formación de la memoria, que debe de ser reproducido, o al menos aproximado, en el momento del recuerdo para que la información almacenada sea elaborada". ¿Cómo trabajar la memoria dependiente de estado a favor (por la positiva) y en contra del oponente (por la negativa) en fútbol? Detonando memorias inconscientes. Ejemplos.

A favor (por la positiva). En un hipotético caso de jugar una clasificación en partidos de ida y vuelta, y haber ganado el primero, lo conveniente es repasar todo lo previo al partido anterior. Habitaciones de hotel, menú, lugar de charla técnica, horario de traslado al estadio, conductor del autobús, recorrido del autobús, ambientación del vestuario, gente que estuvo en el vestuario, carteles a la salida del túnel, y mil variables y detalles más. Todos los detalles que más se puedan. Todo tiene que parecerse al partido anterior pero nunca tiene que decirse. Si pasa por la conciencia de los jugadores se arruina todo. Acá de lo que se trata es de recuperar, a través del inconsciente, buenos momentos que aumenten la autoestima del jugador sin que él siquiera se dé cuenta. Ponerlo con herramientas ocultas en situación ganadora. Cada lugar, cada acción, cada persona tiene que devolver sensaciones de plenitud del pasado reciente. Algo de esto, consciente o inconscientemente hizo Zinedine Zidane para las finales de la Champions League 2016. Promovió una barbacoa con las familias. El sábado anterior, después del entrenamiento, los jugadores comieron con sus parejas e hijos y con el cuerpo técnico en Valdebebas. ¿Qué tiene que ver con la memoria emotiva? Lo había hecho también Carlo Ancelotti (equipo en el cual Zidane era asistente técnico) antes de la final de la Champions League 2014 en Lisboa, en la cual Real Madrid se impuso al Atlético Madrid (pareciera no ser casualidad que el oponente sea el mismo: Atlético de Madrid).

En contra del oponente (por la negativa). Imaginemos que en la fecha anterior el portero contrario, que nos toca enfrentar en este partido, ha cometido un grosero error en la salida al despejar un centro; ese error finalizó en gol y en partido perdido para el equipo. Una forma de trabajar la memoria dependiente de estado sería enviar la mayor cantidad de centros posibles desde la zona donde fue ejecutado en la fecha anterior y que esos centros caigan exactamente donde cayó el centro que provocó el fallo. De esa forma estamos intentando situar en el inconsciente del portero rival, sensaciones de fragilidad, desconfianza y duda.

Puede parecer cábala pero no lo es; se trata, pues, de aproximarse a los mismos patrones neurales anclados en la memoria en aquella otra oportunidad. La cábala parece tener que ver más con la magia. Buscando los mismos propósitos que la cábala, en la memoria dependiente de estado hay un acercamiento a la ciencia.

Hay muchas formas de detonar a favor del equipo y en contra del oponente memorias dependientes de estado.

Solo son necesarios tres atributos:

    a) memoria de hechos del pasado cercano o lejano pero presentes.

    b) investigación y registro de hechos.

    c) creatividad para resignificarlos y replicarlos en distintos entornos.

> *"No fue nuestro entrenador, fue nuestro educador. Nos agarró de pibes, 21 años tenía yo cuando fui a la selección. Nos educó en la vida, nos enseñó lo que era la responsabilidad, a ser humildes"*
> (Oscar Ruggeri, exjugador de la selección argentina)

CB: "Yo no dependí de Maradona, Maradona dependió de mi".

GC: Supongo que un poco sí y un poco no. Los planteos tácticos más innovadores (como ya hemos reconocido su genial 3-5-2) también necesitan de la irrupción de la espontánea genialidad para solucionar un problema. La táctica ofrece contextos de actuación más favorables para expresar determinadas condiciones. Pero ello no siempre alcanza. El destello creativo complementa la táctica; la socorre; y hasta, en algunos casos, la reemplaza llegando en auxilio para proponerle al juego algo que el juego (y los rivales) nunca lo esperaba. ¿O acaso los ingleses esperaban la "mano de Dios", hoy impensable con el VAR? ¿O acaso esperaban la gambeta endiablada, el "barrilete cósmico" que hiciera el mejor gol de la historia de los Mundiales hasta ahora?

Esas cosas las podía hacer solo Maradona. Messi en la actualidad. Aquellos que están en el Olimpo del acto repentino sublime, de la mágica técnica disruptiva. Aquellos capaces de perturbar un partido en un solo y breve acto. Aquellos que todos envidian y nadie entiende cómo hacen lo que hacen con el balón. Con el balón, el espacio, los oponentes, el tiempo, los compañeros y la presión. La presión. Porque los futbolistas más geniales hacen las cosas más inesperadas en entornos de máxima presión. Y las hacen sin pensar. Messi dijo dos cosas al respecto: "Nunca pienso en regates ni en lo que voy a hacer, ni practico nada. Hago lo mismo que en la calle, lo que me sale en el momento. Es inspiración: si tengo un problema lo resuelvo en el momento, no hay nada predeterminado". También dijo: "Nunca he pensado en lograr goles bonitos. Si lo piensas, no sale". Tiene razón Messi, la creatividad fluye mejor cuando el yo interior se distiende y deja de controlarlo todo. Hay menos actividad cerebral en la corteza prefrontal lateral (automonitoreo) mientras que en la corteza prefrontal medial (autoexpresión) se eleva. "La creatividad te llevará más lejos que el cálculo", decía Ronaldinho. "Yo conecto mi cerebro al coche y pongo piloto automático", afirmaba Nigel Mansell en 1992, cuando al volante de su Williams dominó de forma apabullante la Fórmula 1. ¡Un fluir inconsciente parece que se hace cargo de todo! Es maravilloso cómo los genios creativos coinciden en sus formas, independientemente de la disciplina en que se desempeñen. En 1862, el matemático escocés James Clerk Maxwell desarrolló una serie de cuestiones fundamentales que unificaron la electricidad y el magnetismo. En su lecho de muerte llevó a cabo una extraña confesión, declarando que "algo en su interior" había descubierto la famosa ecuación, no él. Admitió que no tenía ni idea de cómo se le ocurrían las ideas: simplemente le venían. William Blake relató una experiencia parecida al afirmar de su largo poema narrativo Milton: "He escrito este poema obedeciendo el imperioso dictado de doce o, a veces, veinte versos a la vez, sin premeditación e incluso contra mi voluntad". Johann Wolfgang von Goethe afirmó haber escrito su novela, *Las desventuras del joven Werther*, prácticamente sin ninguna aportación consciente, como si sujetara una pluma que se moviera por propia voluntad.

Por otra parte, está el tema del ego. ¿Qué mejor que pensar que lo hicieron juntos Carlos? ¿Qué mejor que brindar un mensaje de "trabajo en equipo" entre el entrenador y la máxima estrella?

NOMBRE	DISCIPLINA	FRASE
Leo Messi	Fútbol	"Nunca pienso en lo que voy a hacer". "Es inspiración". "No hay nada predeterminado". "Si lo piensas, no sale".
Nigel Mansell	Automovilismo	"Yo conecto mi auto al coche y pongo piloto automático".
James Clerk Maxwell	Matemáticas	"Ni idea que cómo vienen las ideas. Simplemente vienen".
William Blake	Poesía	"He escrito sin premeditación e incluso en contra de mi voluntad".
Von Goethe	Poesía	"La pluma se mueve por su propia voluntad".

CB: "Para armar el Estudiantes campeón del 82, le pedí mil dólares al presidente del club, agarré otros mil que yo tenía y me fui a Sheffield, Inglaterra. Hablamos, lo convencí e hicimos un precontrato. Después, cuando salimos, le dije: "Mirá Sabella, dame mil pesos que no tengo una moneda".

GC: A ver, a ver, a ver. ¿Cuánto valor tiene esto, que apenas parece una anécdota, con retrospectiva histórica? Tiene verosimilitud pensar que sin Sabella, quizá, no hubiesen sido campeones; y sin ser campeones, quizá, no hubiese sido entrenador de la selección argentina. Los encadenamientos no son casuales. Son causales. Me hacen pensar varias cosas. Entre ellas, dar por entendido algo antes de intentarlo: "¿Sabella volverse de Inglaterra? Ni loco se vuelve, está ganando muy bien". Alguien seguramente le habrá dicho algo parecido. Sin embargo, juntó lo poco que pudo y allá fue. Y lo consiguió.

CB: "Cuando Argentina perdía, yo recorría todos los puestos de diarios del Microcentro y compraba todas las revistas *El Gráfico*. Hoy, con Internet, no podés hacer nada".

GC: Usted y su capacidad para pensar en todo y sus ideas para modificarlo todo.

CB: "Mi hija me decía que le daba más bolilla a Maradona que a ella".

GC: Los costos de la alta competencia, y de toda actividad que quiera hacerse con altos objetivos, fanatismo y pasión, ocupan todos los pensamientos, todo el tiempo y toda la energía. Se pagan, con ellos, altos costos de la vida personal. Por ello, uno debe elegir hasta que cumbre quiere llegar a poner bandera. Hay cumbres pequeñas que se pueden alcanzar de la mano de tu familia. Hay cumbres muy altas que, a pesar de contar con un alto apoyo familiar, pareciera que se alcanza solo.

CB: "Es riesgoso jugar ante las potencias, como España e Italia, a tan poco del Mundial".

GC: Sampaoli (el partido lo heredó porque no fue parte de la estrategia de su preparación) no estaba para nada convencido de jugar contra España antes del Mundial 2018 y su desconfianza se materializó en resultado: 1-6. Usted había perdido con Noruega y con Francia en los partidos previos al Mundial 86, entonces eligió jugar un solo un amistoso contra selecciones (Israel) y contra seis clubes. Desde su mirada, la preparación anímica era más importante que la deportiva. Algo de esto ya lo había pensado como jugador cuando, antes de enfrentar a Manchester United por la final de la Copa Intercontinental y luego de perder con los suplentes, le imploró a Zubeldía un amistoso donde pudieran meter diez goles ¡para levantar el ánimo! Como casi siempre hay dos vías bastante opuestas para hacer la elección de cómo prepararse. Porque una elección hay que hacer. Están quienes dicen que hay que jugar contra los mejores para probar el verdadero nivel, tomar debida nota y realizar las correcciones correspondientes. Supone una gran evaluación y a la vez un gran riesgo. Por otro lado, están quienes eligen rivales menores donde ir construyendo la confianza de un equipo en base a buenos (e intencionalmente previsibles) resultados.

> *"Aprendí mucho de Bilardo, fue el mejor técnico que tuve"*
> *(José Basualdo, exjugador de la selección argentina)*

CB: "A Navarro Montoya no le pasé facturas por ser un hombre de Menotti. Yo lo tuve a Valdano, ¿qué me importa? Yo formo el equipo para ganar porque sino me echan a mí. Saqué a los que había que sacar. Ahora si vos me decís: 'Bilardo, mire, de los diez que sacó usted, hay ocho que están jugando en River, en el Manchester', bueno está bien. Pero no".

GC: El entrenador Ernesto Valverde siempre reconoció que le gusta el fútbol vistoso si sirve para ganar; de lo contrario, él opina que si no es así tiene que cambiar a otra fórmula porque si no lo cambian a él. Más o menos lo mismo que usted dice. Ahora, respecto de los cambios, ¡cuántas hermosas contradicciones encierra el fútbol! Fue Mao Tse-Tung quien dijo que los contrarios en una contradicción forman una unidad y a la vez luchan entre sí, lo cual impulsa al movimiento y cambio de las cosas ¿Qué hago? ¿Juego con jugadores afines ideológicamente aunque ello decline el rendimiento o acepto jugadores que piensan distinto porque tengo más oportunidades de ganar? ¿No se supone que tengo más posibilidades de ganar si esos jugadores piensan como yo (la gente defiende mejor los proyectos en los cuales cree con convicción)? ¿No se supone que tengo más posibilidades de perder si los jugadores son admiradores de otras corrientes futbolísticas (la gente no defiende en la misma forma aquellos proyectos en los cuales no cree)? Si bien ello es cierto, no deja de ser verdad que lo distinto enriquece, le entrega variedad, lo hace menos previsible.

Sin embargo, a pesar de que Valdano comulgaba con ideas más "menottistas" (Maradona también confesó sentirse más identificado con ese fútbol), ambos entregaron lo máximo por ese proyecto (campeón del Mundial 1986). ¿Qué puede unir ideologías diferentes en el fútbol? Las ganas de ganar y el hambre de gloria.

CB: "Zubeldía es el mejor técnico de la historia. Hay un fútbol antes y otro después de Zubeldía".

GC: Zubeldía fue el instaurador en Argentina de los trabajos a doble y triple turno, inspirado a sugerencia de su ayudante Miguel Ignomiriello quien le habló de ello luego de leer un libro acerca de cómo se organizaba el trabajo en las fábricas. Para innovar es necesario escuchar. Y eso no solo es patrimonio del fútbol. Hay que aprender a escuchar las ideas de todos y cada uno. Sin excusas, encontrar el momento. La hamburguesa Big Mac (la vaca sagrada de McDonald's) fue idea de un franquiciado de Pittsburgh. Para escuchar, los entrenadores pueden tomar ejemplos del mundo de la empresa. Cuando un ejecutivo quiere escuchar nuevas ideas sin que por ello le consuma el día, instrumenta lo que se conoce como "*elevator pitch*", que consiste en que las personas deben relatarle la idea y llamar la atención en lo que dura el recorrido del ascensor. De esa forma, en unos treinta viajes de unos veinte segundos se puede hacer rápidamente de treinta ideas. Volviendo, Zubeldía fue, junto con el Ajax o el Dinamo de Kiev de Maslow, de los iniciadores Mundiales a la utilización de la "trampa del *offside*". Zubeldía discutía las tácticas con los jugadores, algo que es muy usual en la actualidad (por eso del liderazgo horizontal), sin embargo él ya lo hacía en los años 60. Zubeldía les programaba la fecha de casamiento a sus jugadores. No sé si es el mejor técnico de la historia, pero no hay duda que ha sido un innovador.

CB: "En los Mundiales casi no hay que entrenar. Los muchachos llegan muertos después de la temporada en sus clubes. Lo que hicimos fue ponerlos diez puntos para el primer partido y después los cuidamos. Simulaba entrenamientos porque también algo había que hacer. Que se toquen los tobillos, que siempre hagan algo, que nadie esté parado. Si no lo hacés, los periodistas te rompen los huevos".

GC: En ciertas ocasiones, como esta, la mejor carga puede ser la ausencia de ella.

> "Bilardo fue muy importante en mi carrera y me dejó un montón de cosas"
> (Pedro Troglio, exjugador de la selección argentina, entrenador)

CB: "Este resultado deja secuelas. Cualquier derrota deja secuelas y más por este resultado".

GC: El poeta Rudyard Kipling advertía, en su poema "If", estar atento a dos impostores: el triunfo y la derrota. ¡Cuánto más hace falta leer a Kipling en el ámbito del fútbol! Ahora bien, cuando se pierde por tanto (en este caso se refiere al amistoso 1-6 de Argentina con España previo al Mundial 2018), el "cómo" se pierde, se esfuma, se relativiza. A cada gol sufrido, las formas importan proporcionalmente cada vez menos.

Las formas tienden a ser valoradas en las derrotas cuando más cercanas estuvieron a un resultado de igualdad o triunfo. Para una goleada en contra no hay formas, no hay análisis, no hay rigor de interpretación. Es tanto el daño emocional, la humillación y el sometimiento deportivo que todo análisis racional tiende a ser mutilado, postergado. A nadie le importa la forma de jugar cuando se pierde por tanto. Con el orgullo dañado y la autoestima lacerada, no hay forma que valga. Cualquiera de los jugadores, que sufren una derrota de ese tipo, cambiarían cualquier forma o estilo por un resultado que los exponga menos (ante los hinchas, la prensa, los directivos, los *sponsors* y todo agente que rodea al fútbol).

CB: "Antes de la final del Mundial 86 no sabía a quién poner. El DT siempre tiene dudas, puede decidirlo tres horas antes del partido".

GC: "El ignorante afirma, el sabio duda y reflexiona", decía Aristóteles. La duda tiene cargado un estigma: parece que quien la posee no es una persona segura en sí misma o no tiene claras sus ideas. Nada de ello, la duda es un soporte evolutivo del cerebro que nos pone en alerta y nos obliga a pensar más sobre determinado tema o situación. Analizado desde este punto de vista, la duda es un mensaje interior que te dice "hay que pensar más sobre esto". Gracias a la duda, y los procesos de pensamiento que se desencadenan a partir de ella, se generan dos resultados, ambos igual de positivos. Por un lado arribamos a nuevas ideas y soluciones que sino, de no mediar la duda, seguiríamos anclados en posiciones obsoletas (alguna táctica que superará el rival, un jugador con escaso rendimiento); por otro lado llegamos a confirmar la posición inicial, la cual se ve fortalecida y con más argumentos de seguir en pie ("ese jugador tiene que jugar sí o sí a pesar de...", "mantenemos la presión alta porque..."). No hay que tenerle miedo a la duda porque, como dijo el genial escritor Jorge Luis Borges, "la duda es uno de los nombres de la inteligencia".

CB: "Una vez que se terminó el partido, se acabó todo. Pero durante el partido se puede hacer algo. Va a llegar un día en que habrá pantallas gigantes en las canchas y ante una jugada dudosa, como el gol de España a Brasil o el triunfo de Inglaterra sobre Alemania en 1966, la cámara se va a detener y se analizará si fue o no fue".

GC: Usted vio el VAR (*Video Assistant Referee*) 30 años antes que naciera. Visionario.

CB: "Henry Caicedo, en el Cali, un fenómeno, se durmió en una charla. Se puso anteojos ahumados mientras yo hablaba, hablaba; después me corrí un poquito y el tipo seguía mirando para ese mismo lado. No le dije nada. Eso sí: después decidí que para dar conferencias voy al primero o al último turno, porque a las dos de la tarde hay tipos que cabecean como locos".

GC: (sonrisa cómplice de mi parte). Yo exijo lo mismo. Mis conferencias luego de los almuerzos, ¡nunca!

CB: "La base la tenés que tener siempre. El problema es que ahora hay jugadores de los cuales el periodismo habla bien y te condiciona para llevarlos".

GC: Al fin y al cabo, todos los entrenadores van recibiendo críticas en el "durante". Un entrenador tiene que estar bien seguro de sí mismo para evitar las influencias de la prensa. Porque si se presta atención a cada cosa que se dice y se acciona en consecuencia, las decisiones serán un pinball, rebotando de aquí para allá. Aunque un entrenador atienda los condicionamientos que genera la prensa, si no obtiene resultados será criticado en igual forma. Y aunque no los atienda, si los obtiene, las críticas cambiarán hacia los elogios (todos quieren subirse al caballo ganador). Si ello ocurre, que sucede bien a menudo, más vale acercarse a la derrota y al fracaso con las convicciones propias que con ideas impuestas.

CB: "¡Déjense de joder, déjense de joder! ¡Vayan a marcar vos y Valdano; a marcar, dale, dale!"

GC: Según Diego Maradona, sus palabras luego del tercer gol a Alemania en la final del Mundial 1986.

CB: "Para mí, para mí, los chorros (por los ladrones) entrenan. Si no, no puede ser que nunca se desgarren. Es algo que pensé siempre: los desgraciados pican como locos y no les pasa nada".

GC: En alguna oportunidad usted hizo mención a esto mismo desde la mirada de la entrada en calor. Algo así como ¿vieron a algún ladrón entrar en calor antes de salir corriendo? El gran Paco Seirul·lo solía decir que la entrada en calor estaba algo así como "sobrevalorada" y que básicamente debía ser una actividad socioafectiva.

> *"Bilardo fue un adelantado de todo lo que estamos viendo hoy en el fútbol"*
> *(Mauricio Pochettino, exjugador de la selección argentina, entrenador)*

CB: "De chico tenía una costumbre: salía del vestuario de San Lorenzo un jugador y yo lo acompañaba hasta el colectivo, después salía otro y lo mismo. No les pedía nada, solo los acompañaba".

GC: Las pasiones que nos acompañarán de grande, muestran sus cartas desde niño.

CB: "Entre el césped, el banco o el estudio de televisión, elijo el banco. Es algo que uno sabe que le va a hacer mal pero igual lo quiere. Es un cáncer benigno. Como técnico uno está siempre nervioso, de mal carácter, mal con los amigos, mal con la familia, todas en contra. Pero igual lo elijo".

GC: Como dice la gran película argentina, ganadora de un Oscar, *El secreto de sus ojos*: "El tipo puede cambiar de todo. De cara, de casa, de familia, de novia, de religión, de Dios. Pero hay una cosa que no puede cambiar, Benjamín. No puede cambiar de pasión".

CB: "**A lo largo de mi carrera me fracturé tres veces las clavículas. Una de ellas fue a causa de una zancadilla de atrás, algo que ahora está penalizado con tarjeta roja directa. Un día, por recomendación de un médico, fui a un gimnasio donde se practicaba judo y me inscribí para que me enseñaran a caer y evitar nuevas lesiones. Gracias a esas clases, nunca más me volví a fracturar la clavícula**".

GC: Las soluciones para algún problema de fútbol, pueden estar en el fútbol pero seguro que también están fuera de él. Porque así se nutren los procesos de creatividad e innovación. De traer, a "nuestro ámbito", elementos de "otros ámbitos" y combinarlos para encontrar nuevas soluciones.

Traer ideas desde otro ámbito tiene otro objetivo principal en un entrenador: evitar el estancamiento, meseta o zona de *confort*. Cierta vez escribí algo que se titulaba así: "Guardiola, Bielsa, Van Gaal y el triángulo de la disrupción".

Pep confesó hace un tiempo que ya no mira tantos partidos como antes. Solo sus rivales y algún otro que le genere expectativas. Bielsa contó que vio 250 partidos de Van Gaal hasta que asimiló su pensamiento. ¿Por qué alguien deja de ver lo que antes se desesperaba por ver? Porque el ojo se afina, las neuronas procesan más rápido, la inteligencia comprende mejor y los neurotransmisores de la motivación ya no se activan como antes. ¿Qué ocurre entonces?

Los aprendizajes se reducen porque los patrones se repiten cada vez con mayor insistencia. Cuando llegas a ese punto puedes considerarte un "experto". Cuando llegas a experto no vas a encontrar las nuevas ideas en tu campo. Las vas a encontrar asociándolas con otro campo. Ahí es donde entra a tallar el "triángulo de la disrupción". El concepto fue creado para mi tercer libro y básicamente dice que el nuevo conocimiento, la innovación (también con ella renovar la motivación de un entrenador), proviene de la combinación de nuevos elementos. Y que esa combinación necesita alejar los elementos entre sí. Llegado el punto de Guardiola o Bielsa, para ellos será más significativo ver rugby o balonmano (o Animal Planet) que un partido de fútbol (para ello tienen a sus editores de videos). En él podrán conectar lo distante. En mis conferencias suelo usar un ejemplo bien potente: combinar agua con agua... solo produce agua. Cuanto más alejes los puntos de conexión de conocimientos y experiencias, más grande es la curva de creatividad e innovación que puedas generar.

Entrenador: ser experto es también una "zona de *confort*". La aventura de meterse en lo desconocido ampliará el conocimiento sobre lo conocido (por generación de nuevo conocimiento). Llega un momento en el cual solo mejorarás tu campo (fútbol) saliéndote de él para luego regresar.

Funciona así, no porque yo lo diga; funciona así, porque así lo prueba la historia de las buenas ideas.

Fue el genio renacentista, Miguel Ángel Buonarroti, quien se inspiró en varios burdeles italianos para pintar algunos de los modelos que forman parte de los frescos de la Capilla Sixtina.

La lámpara de lava la creó el inglés Edward Craven Walker, inspirado en un adorno que mezclaba agua y aceite.

Fue Gustave Eiffel quien usó de inspiración la estructura del fémur humano, al construir su torre de 300 metros: la torre Eiffel.

Fue el Rey del rock, Elvis Presley, quien se inspiró en su personaje del cómic favorito, su adorado Capitán Marvel Jr, para crear el look que tanto lo identificaría.

Fue Tōru Iwatani, creador del célebre videojuego *Pac-Man*, quien se inspiró para inventar el personaje de su juego en una pizza a la cual le faltaba alguna porción.

Fue a Dimitri Ivánovich Mendeléyev a quien le preguntaron de dónde se le ocurrió la idea para crear la tabla periódica de los elementos. Su respuesta fue: "De jugar a las cartas".

El skateboard nace a fines de los años 40 y principios de los 50 cuando a alguien se le ocurrió la idea de ponerle rueditas a un carrito, para divertirse, cuando las olas no estaban para hacer surf. Los carritos de rulemanes sirvieron de inspiración, pero la idea de combinarlo con el concepto del surf tuvo sentido para atraer a los que practicaban este deporte.

El uso de los pesticidas comenzó en 1763, cuando a un granjero se le ocurrió la idea de utilizar la nicotina como polvo insecticida, obteniendo con él buenos resultados.

CB: "Del segundo nadie se acuerda. Yo no conservo ninguna medalla de segundo puesto. El segundo *es* el primero de los perdedores".

GC: También aquí se podría citar otra de sus frases: ¿alguien sabe quién fue el segundo en pisar América?".

Ser el segundo es ser un perdedor, suele decir Zlatan Ibrahimovic. Fíjese como son las cosas, al entrenador Héctor Cúper ha sido catalogado, por algunos, de "perdedor" solo por no ganar varias finales importantes: Copa Africana de Naciones con Egipto, Copa del Rey y Recopa de Europa con Mallorca, dos finales de Champions League con Valencia y una final de la Copa de Grecia con Aris Salónica, entre otras. Pero no es considerado "ganador" por haber superado fases, octavos, cuartos y semifinales. Porque nadie ve el mérito de haber llevado al Mallorca hacia dos finales. ¿Cuánto daría hoy la gente del Mallorca por regresar a esos momentos? ¿O al Valencia a nada menos que a dos finales de Champions? ¿Cuánto darían los simpatizantes del Valencia por estar hoy en esas instancias?

Jugó seis finales a partido único y cayó en las seis. Por ello, hasta se habla de la "maldición Cúper". Esa es la crueldad de la derrota. Por eso voy a comprender siempre la angustia por el resultado. ¿Cuántos de los que le endilgan un adjetivo de "perdedor" o "fracasado" a Cúper ni siquiera han podido sacar campeón a su equipo de barrio? Jürgen Klopp, luego de perder la final de la Champions League con el Liverpool frente al Real Madrid, dijo algo similar: "Todo el mundo vio cómo jugamos en la primera parte, jugamos bien, cambiamos de lado atacando, presionamos alto, tuvimos buenas combinaciones. Pero perdimos 3-1. Dentro de diez años nadie pensará en cómo perdimos sino que ganó el Madrid".

Pero volviendo a su frase Carlos ¿qué hacemos con ello? Nadie juega una final para perderla. Pero solo la gana uno. ¿Es una frase pensada para motivar o para describir? Si es para motivar ¿logra su objetivo o impregna de miedo (inconsciente) a los jugadores? Desde mi punto de vista no puede usarse para motivar, porque riega en el inconsciente más el "perder" que el "ganar". Y todos sabemos el poder que tiene el inconsciente para dirigir la conducta. Excepto que vaya en la búsqueda de "alertar", para activar así todos los mecanismos de supervivencia y lograr una entrega superior. Pero ¿es posible que un jugador no entregue todo en una final? Prefiero quedarme con que es una frase que intenta describir, de forma gráfica y chocante, la diferencia que existe entre el triunfo y la derrota. Y más cuando el triunfo y la derrota se producen en una final.

Por otro lado, no conservar una medalla de segundo puesto es de alguna forma un desprecio al esfuerzo entregado por conseguir el primero. La medalla te dice donde llegaste pero sirve para recordar todo lo que hiciste para llegar a un determinado lugar. La mirás y funciona como un ejercicio de autoevaluación. Te permite saber cuáles fueron los caminos y cuáles los errores a corregir en un futuro.

CB: "Una vez me invitaron para ir a dar una charla en Machagai (Chaco). Y fui. Después estábamos cenando y alguien dijo '¿Por qué no jugamos al fútbol?'. Buscaron al intendente, abrieron la cancha, encendieron las luces y jugamos. Lo raro es que había 1000 personas y jugamos a las 3 de la mañana".

GC: Las anécdotas que acumula una persona son las pruebas de cuánto (en cantidad) y cómo (en intensidad) ha vivido. Pareciera que no le falta ni de una ni de otra.

> "Bilardo fue un genio"
> (Abel Balbo, exjugador de la selección argentina)

CB: "Ernesto Duchini, quien estaba a cargo de los seleccionados juveniles, me convocó para participar de los Juegos Olímpicos de Roma. ¡Mi primer viaje a Europa, justo al país del que habían emigrado mis abuelos!".

GC: ¡Cuántas cosas no sabemos de usted, Carlos! Para todos los que quieran saber más del Bilardo niño y del Bilardo hombre, recomiendo la lectura del libro *Doctor y campeón*, una autobiografía muy bien lograda.

CB: "En Sevilla me crucificaron y mal. En un partido se había caído Maradona y un jugador de La Coruña. Viene el árbitro y amonesta a Diego. Entonces le digo al kinesiólogo que entre y atienda a Maradona. Este va y atiende al otro. Cuando vuelve le digo 'al rival hay que pisarlo', pero entre comillas, como acá se dice 'Vélez mató a San Lorenzo', por ejemplo. Y bueno, tuve que explicar todo eso en España. Incluso la FIFA me ayudó porque ellos, en el reglamento, ponen en el texto 'a muerte súbita' y me aferré a ello. Se tienen que morir para que exista un ganador. Después lo cambiaron por el gol de oro".

GC: Claro, por eso hay que tener mucho cuidado con lo que se dice. Las palabras denotan pero también connotan. Llevan textualidad pero también interpretación. Son lo que son, pero también son metáfora. Quizá por esa misma razón, y exceptuando esta anécdota, se generen tantas diferencias entre los seres humanos: no siempre lo que se quiere decir es lo que el otro interpreta.

CB: "En la época de los Mundiales era bravo. No entendía la gente lo que yo quería. No entendía. En el 84-85 le tiraban piedras a mi casa. Rompían todo el frente. La arreglamos cuatro o cinco veces. Para el segundo Mundial dije: 'Esta vez no me agarran'. Puse un cartel que decía 'se vende' y faltando dos meses puse 'vendido'. Saqué la familia, que se fue a vivir a otro lado, y ahí nomás quedó la cosa".

GC: Imposible no reconocerle, en este detalle, que estaba en todos los detalles. Imposible no reconocerle, en esta idea, que usted estaba lleno de ideas. Una creatividad infinita.

CB: "Hace cinco minutos me llamaron para que sea el técnico del Mónaco. Antes lo hicieron desde el Inter y la selección de Inglaterra".

GC: No sabía que tuvo esas ofertas pero no me extraña en absoluto. Yo también lo hubiese querido entrenando mi equipo.

CB: "Me sentí más técnico en el 90 que en el 86, porque fueron necesarios más movimientos tácticos, más cambios, cambio y cambio... Se dieron muchos imprevistos, como las lesiones".

GC: Claro, tiene mucho sentido. Usted mismo contó que: "Cuando termina el segundo tiempo contra Yugoslavia, viene Burruchaga y me dice: 'Carlos, me tiró, no puedo más'; viene Diego y me dice: 'Carlos, me tiró, no puedo más'... Los dos, faltando treinta... Les dije: 'Bueno, quédense bien de punta, que a ustedes les hagan personal, por lo menos'. Y así seguimos...".

CB: "Los parciales y trabajos prácticos no importan, lo que importa es el final, eso define la nota".

GC: Léase, los partidos de entrenamiento no importan, los que importan son los partidos en competencia y el resultado que obtienes en ellos.

CB: "En el Mundial 90 pasaba algo raro; yo lo iba a ver a Troglio a la Lazio y me decían: 'Pero ¿está loco? Acá va a quedar libre...'. Lo mismo con Sensini, Balbo y Dezotti. Yo a todos les contestaba igual: mientras a mi equipo le sirva...".

GC: El mismo criterio de tomas de decisiones que en el Mundial anterior, por ejemplo con Brown que estaba sin equipo. Eso dice mucho respecto de la autoconfianza con la cual usted dirigía su equipo. No elegía solo a los que estaban en su mejor momento en los equipos, elegía los que creía iban a estar en su mejor momento cuando se pusieran la camiseta de la selección. Este tipo de decisiones, contracorriente, suele generar reprobación general, lo cual obliga al entrenador a estar bien convencido de sus decisiones.

CB: "En la tarde-noche de la final (de la Intercontinental contra Manchester United), decorada por una lluvia abundante y constante, Osvaldo sacó un conejo más de su galera. Sabiendo lo fuerte que era salir al césped de Old Trafford con todo el público en contra y sin alambrados (parecía que la gente te iba a comer ahí mismo), nos hizo aparecer en el campo de juego casi dos horas antes. Además de probar el piso, para ver cómo respondía por el agua caída, recorrimos el perímetro cerquita de los espectadores mientras nos decían de todo. Algunos de nosotros les sacaron fotos a los hinchas, los gritos eran atronadores. Esa salida previa fue fundamental para que palpáramos el ambiente y supiéramos cómo iba a ser el asunto".

GC: La táctica no es solo acomodar los jugadores en el campo. La táctica no es solo balón, compañeros y oponentes. La táctica completa incluirá siempre los aspectos mentales o emocionales, o será una táctica incompleta. La mejor táctica, la más analizada, la más pensada y la mejor creada puede caerse a pedazos si no es acompañada por una táctica mental.

CB: "No festejé nada, me fui, no tengo medallas, no tengo nada".

GC: Y ese enojo se debía, aun luego de ser campeones del mundo, a que los alemanes convirtieron dos goles de pelota parada. Ya en el mismo partido (y luego de él) no podía parar de repetir: "No nos pueden hacer dos goles de córner". Solo si se observa su historia (haber sido formado en Estudiantes de La Plata, pioneros con Zubeldía en el trabajo de las jugadas a balón parado) se puede comprender semejante desplante a los festejos.

> "Bilardo fue un entrenador muy inteligente"
> (Roberto Marcos Saporiti, exjugador, asistente técnico del Mundial 78, entrenador)

CB: "La prensa me quería echar. Nadie confiaba en nosotros. El día que salimos el aeropuerto estaba vacío. Al regresar, 500 000 personas estaban ahí, celebrando".

GC: Nos puede gustar más o menos. Lo que no podemos hacer es ignorar cómo funciona el "éxito" o el "fracaso".

La derrota (y hasta la presunción de ella como le pasó a usted y a los muchachos antes de viajar al Mundial de México) conlleva maltrato y es necesario acostumbrarse a ello para poder convivir con más naturalidad, advirtiendo que son sesgos de acercamiento bien humanos. Para muestra basta una anécdota. Contaba el boxeador argentino Maravilla Martínez que, al día siguiente luego de ganar el título mundial ante Chávez, tenía cerca de 4.000 mensajes y llamadas. También contó que luego de perder el título por KO en una de sus defensas, al día siguiente solo tenía 4: tres de su madre y una desconocida. Tú mismo lo dijiste: "En los malos momentos todos te abandonan: la prensa, los hinchas y los futbolistas". También el goleador Romelu Lukaku: "Cuando las cosas iban bien, los diarios me llamaban el goleador belga; cuando no, el descendiente de congoleños". Mesut Özil expresó algo similar.

Hay tres grandes variables que influyen para el acercamiento o la lejanía: el poder, el dinero y el éxito. Cuanto más tienes, más se acercan. Cuanto más pierdes de lo que tenías, más te abandonan.

CB: "Muchachos, si dejan de darle la pelota a los de amarillo quizás podamos ganar hoy".

GC: (Mundial Italia 1990. Charla técnica completa en el entretiempo en la cual los brasileños desbordaron al equipo argentino por todos lados).

Probablemente su charla táctica de entretiempo más corta de la historia y también más eficiente en la relación charla/resultado: Argentina terminó ganando uno a cero con una genialidad de Maradona (no olviden aquí su tobillo muy lastimado) y una excelsa definición de Caniggia.

CB: "Cuando yo jugaba la barrera se ponía de espaldas. ¡Parece mentira! Luego nosotros inventamos sacar las faltas en corto, y claro, las barreras empezaron a ponerse de frente. De Osvaldo Zubeldía aprendimos mucho".

GC: Hoy parece increíble que eso hubiese ocurrido. Pero también parece increíble que existieron épocas donde no estaban las tarjetas rojas y amarillas, los penales y tantas otras evoluciones de carácter técnico, táctico, tecnológico y reglamentario. El fútbol debe repensarse, constantemente, por parte de cada uno de los actores que lo componen. Porque si el entrenador no lo repiensa, otro entrenador lo hará por él.

CB: "Si De Vicenzo, que era un gran golfista nuestro, o Vilas, el tenista, se entrenan cinco horas al día, ¿por qué nosotros no?".

GC: Tiene lógica. Mucha lógica. El gran equipo de Hungría de los 50, de los Mágicos Magiares, entrenaba larguísimas jornadas al mando de Gustáv Sebes. El mejor Milan de Arrigo Sacchi del mismo modo. Solían pasar la jornada completa en Milanello. Marcelo Bielsa ha llegado a elevar el tiempo de las jornadas de entrenamiento a diez horas en el Leeds de Inglaterra. Aquí es necesario destacar que la cultura del máximo esfuerzo no necesita estar en las antípodas de la cultura por el goce y el disfrute. Es más, es imprescindible armonizarlas, para que semejante carga tenga mejores posibilidades de ser tolerada. Algo que usted había entendido muy bien, ya que cuando las jornadas se hacían muy extensas, debido a las insistentes prácticas de acciones a balón parado, les pedía a sus jugadores que llevasen la música que les gustase para amenizar el entrenamiento.

¿Por qué hay que motivarle al jugador a que, lo que ha de ganarse, ha de ser a través del esfuerzo? Estudios científicos demostraron que desde las palomas hasta los osos, si se les deja elegir, los animales prefieren la comida que se consiguió con esfuerzo. Lo fácil no se valora.

CB: "Cuando volvimos al vestuario para vestirnos con unas inusuales camisetas blancas, con puños rojos y dos rayitas finitas del mismo color que cruzaban de arriba a abajo por el sector izquierdo del pecho, Osvaldo volvió a escribir en un pizarrón su frase de cabecera, por si alguno la había olvidado: 'A la gloria no se llega por un camino de rosas'. Esa pizarra quedó allá y hoy ocupa un lugar de privilegio en el museo del Old Trafford".

GC: ¿No habrá llegado el momento de, amablemente, solicitarla para el museo de Estudiantes de La Plata?

CB: "Cada tanto veo el partido. El partido contra Inglaterra, te digo. Me acuerdo de alguna jugada y la busco, la pongo. No todo el partido, eh. Dos o tres jugadas nomás".

GC: No existe el asesinato perfecto, por eso siempre se vuelve a la escena del crimen.

CB: "El próximo entrenador de la selección argentina debería ser Oscar Ruggeri".

GC: Eso lo dijo usted en 2007. Nadie duda del potencial de Oscar Ruggeri como entrenador (su capacidad para liderar y motivar, por ejemplo), pero él mismo explicó (en 2018) las razones contrarias en una valiente y aleccionadora confesión: "Si me ofrecen la selección digo que no. Muchos como yo, que jugamos en la selección, en equipos importantes, que tuvimos un montón de técnicos, que jugamos veinte mil partidos en Boca, en River, en el Real Madrid, pensábamos que agarrábamos el equipo, hacíamos pam pin y listo, por eso no me preparé para dirigir. No fui a Europa, no fui a caminar, no fui a sentarme con Guardiola o Mourinho, que aparte nos quieren a los argentinos, y que te expliquen. Yo dije: '¡No, qué Mourinho!'. La realidad es que hay que estar preparado para todo. Hay que sentarse y hay que prepararse. De todos los técnicos, no solo Guardiola y Mourinho, iría con todos. Porque con todos podés aprender algo". Pero si no es posible ir con ellos, es bien posible aprender de ellos. Mientras hacían el curso de DT, el cuerpo técnico de River Plate de Marcelo Gallardo alquiló una oficina solo para ver, analizar y debatir las tendencias tácticas y estratégicas del fútbol de elite. Dos veces por semana se dedicaban a ver las innovaciones de Sacchi o Pep Guardiola.

> *"Ser dirigido por Bilardo era como estudiar en Harvard"*
> *(Julio Olarticoechea, exjugador de la selección argentina)*

CB: "Faltando cinco minutos me peleé con Maradona. Él quería correr al grandote de ellos, al 6 (Butcher), y seguirlo hasta nuestra área. Le tuve que gritar. Yo necesitaba que se quedara allá arriba para el contraataque".

GC: Qué intimidad táctica tan fascinante del partido que transformó para siempre la percepción sobre Diego Maradona.

"Diálogo" en base a frases, ideas y pensamientos de César Luis Menotti

PRÓLOGO

¿Qué podemos esperar de un autor que anteriormente ha escrito un libro sobre creatividad, innovación y fútbol? ¿Qué encontraremos en un libro como éste?

Para los que necesitan orden, clasificación y determinismo, podréis encontrar un libro que habla de estrategia, táctica, anatomía, biomecánica, psicología, control motor, sistemática del ejercicio, filosofía y, por supuesto, es un libro sobre fútbol y la vida.

Todo ello desde un enfoque muy amplio y sistémico, que también podrá satisfacer la curiosidad de los que entienden el deporte y la vida desde un punto de vista más complejo.

Si de algo estoy seguro, tras muchos años de experiencia y de ver muchos partidos de fútbol desde una mirada muy analítica, es que en el fútbol no hay "recetas" ni "fórmulas" magistrales que te acerquen al triunfo.

El fútbol es duda; aprender a gestionar sus incertidumbres se convierte en algo necesario si se quiere comprender su "esencia".

Y para acercarnos a la "esencia" del juego qué mejor que beber de las fuentes que aporta el conocimiento empírico de dos grandes pensadores y actores principales de nuestro deporte.

En este libro se afronta la dualidad idealismo-pragmatismo, partiendo desde la reflexión sobre la propia realidad de grandes entrenadores que la representan.

Muchas cuestiones están implícitas en estas obras. Muchas cuestiones a resolver.

Si te animas a leer este libro, encontrarás alguna respuesta. Si no las encuentras, seguro que tras su lectura sabrás plantearte nuevas dudas.

Víctor Mañas

Analista

Sevilla, Arsenal FC, PSG, Villarreal

Cuerpo técnico de Unai Emery

INTRODUCCIÓN Y ADVERTENCIAS

Gracias a usted y sus jugadores festejé el Mundial 78, con siete años, en los hombros de mi padre. Era la primera vez que veía una multitud tan alegre. Y ahí estaba, disfrutándola con mi viejo. Y todo lo que me trae de nuevo a él, es muy bueno para mí.

Perdón Menotti. Y al pedirle perdón, también debo incluir a Bilardo.

Los argentinos fieles a una tradición de "grietas", término tan popularizado por estos días, nos apasionamos en defender una vereda y en denostar la otra. Y en ese juego perverso se nos fue pasando el tiempo sin lograr una síntesis integradora entre ambos.

Este libro pretende, simbólicamente, reconciliarlos. Y en ese cometido, reconciliarnos a nosotros mismos. Y mi deseo más grande, que a algunos les puede parecer utópico, es que la reconciliación supere lo simbólico para convertirse en un hecho real.

Reconciliar algo que hasta parece que nació unido. Si hasta se retiraron del fútbol el mismo año. Si hasta comenzaron su actividad de entrenadores casi al mismo tiempo y bajo el mismo estilo: ayudantes de campo de sus maestros. Usted con el Gitano Juárez y Bilardo con Zubeldía. Si hasta ambos, muy rápidamente, se lanzaron a volar solos.

Perdón Menotti. Nunca tuve la oportunidad de conversar con usted, pero eso no es impedimento para que pueda inventarme una forma de hacerlo. Y será a través de estos "diálogos inventados" en los cuales recojo innumerables de sus mejores frases y pensamientos; y me permito, casi irreverentemente, decir lo que me sugiere cada una. Perdón Menotti por este atrevimiento también.

Me animo apenas a contradecirlo y mucho a halagarlo. Me animo a sugerir y complementarlo tanto como a aceptar sin más sus ideas. Me animo a ser yo, respetando cómo es usted. Me gustan sus ideas pero también me gustan las mías. Y las de Bilardo. Hago, en definitiva, lo que desearía cualquier amante del fútbol: "conversar con quienes se admira". ¿De qué hablamos? De táctica, estrategia, técnica, vestuario, creatividad, innovación, motivación, liderazgo, éxito, fracaso y todas las variables que hacen del fútbol esa pasión Mundial que no conoce límites ni barreras geográficas, políticas o religiosas. Esa pasión Mundial que nos iguala.

Son muchas cosas que admiro de usted: la visión que tuvo para organizar el proceso 1974-1978, el federalismo que le impuso a esa tarea y el idealismo para defender ciertas ideas políticas, en la cuales poner el ojo (y el cuidado) sobre los más desprotegidos, idea que comparto en total plenitud.

Perdón Menotti. Perdón Bilardo. Es cierto que quizá pueda usted estar dolido por determinadas cosas que fueron sucediendo a lo largo del tiempo. En este libro, y aunque sean elementos que entreguen *marketing* (la pelea siempre vende, también cuando se revive lo doloroso) no haré mención a ninguna de ellas, sino todo lo contrario. Intentaré encontrar los puntos en los cuales Bilardo se sintió más cerca suyo.

Cuando, por ejemplo, Bilardo lo invitó a cenar a su casa acompañados de sus esposas. Déjeme decirle algo al oído: nadie lo deja entrar a su casa cuando no lo aprecia o no lo admira un poco. Si fuera negocio o solo conveniencia, la charla se concreta en un café o una oficina. Cuando uno abre su casa, también abre un poco su corazón.

O el acercamiento cuando lo invitó a conversar apenas asumió como entrenador. Déjeme decirle algo al oído: nadie escucha a su antecesor si, efectivamente, no cree que puede aprender algo de él.

También cuando usted tuvo que atravesar ciertas dificultades con su salud.

Además, ciertas acciones suyas lo "emparentan" con Bilardo. Como cuando reconoció que la ley del *offside*, que utilizó con convicción, llegó desde la otra escuela: "Lo primero que vamos a decir al hablar del fuera de juego es que se inicia en la Argentina. En Europa piensan que fue un invento de Holanda. Pero comienza en la Argentina con Geronazzo y Zubeldía, que son los primeros que lo ponen en práctica como táctica. En ese entonces, además, fue sorpresa".

Quizá uno de los argentinos más sabios haya sido Marcelo Bielsa. Nunca los enfrentó. Y en cierta forma los concilió, porque se nutrió de ambos para ser el entrenador que es hoy. Esto contó Bielsa en una conferencia de prensa cuando estaba dirigiendo a Olympique de Marsella en 2014: "Durante 16 años, 8 cada uno, Bilardo y Menotti condujeron a la selección argentina. Ambos tienen maneras antagónicas de ver el fútbol y coincidieron con mi etapa formativa. A mi ciudad llegaban entre diez y doce periódicos y a mí me gustaba leer sobre los dos".

Bielsa, quien supo renegar de sus condiciones futbolísticas, olvidó sus limitaciones técnicas y consiguió regatear "maradoneanamente" la grieta. Porque la grieta es una trampa, es un engaño en el cual se puede quedar atrapado. Bielsa supo extraer lo mejor de lo suyo (tal vez lo ofensivo como idea irrenunciable) pero también lo mejor de Bilardo (tal vez la obsesividad como método de trabajo). Una obsesividad que también lo atravesó a usted en ciertos momentos de su carrera: el proceso refundacional 1974-1978 no puede obviar esa pasión por el trabajo y esa obsesividad "bilardista" por el detalle.

Marcelo Bielsa dijo: "No veo como una contradicción tener algunos aspectos de Bilardo y de Menotti". Eso es piedad, humildad y equilibrio. Bielsa no cayó en la trampa, en la cual caímos el resto de los argentinos. Algunos por interés, otros por amistad, otros por fanatismo ideológico, otros por simpatías o antipatías propias de la naturaleza humana. Y otros quizá solo por ignorancia.

Es cierto que hay muchas diferencias y quizá siempre estuvieron presentes, porque siempre elegimos apoyarnos en ellas para seguir revolviéndonos en un lodo de enfrentamientos (otros utilizarán la palabra "posicionamiento" o "diferenciación" para exhibir con orgullo el lado de la historia que representan). Sin embargo hay muchas coincidencias. Quizá muchas más de las que usted cree saber y de las que Bilardo mismo recuerde.

En divisiones menores ambos coinciden en la necesidad de entenderlo como un ámbito educativo y formativo donde "el ganar" no sea relevante. Como dijo Rossi, uno de los grandes formadores que dio Argentina: "El punto de encuentro entre Menotti y Bilardo es que en el fútbol formativo no deben importar los resultados".

Pero hay más puntos de encuentro: el de entender al fútbol como escuela de vida, el valor del barrio enseñando la picardía necesaria para sobrevivir (y me viene el recuerdo de Bilardo siendo muy niño, agachándose para poder pasar sin pagar la entrada porque el dinero no abundaba). De esa picardía habla usted y en esa picardía también, indirectamente, lo reconoce.

Bilardo también se ha parecido a usted cuando juntó a Marcelo Trobbiani, Alejandro Sabella y José Daniel Ponce, tres jugadores de "buen pie", en la mitad del campo de su Estudiantes campeón de 1982. O cuando, casi sin quererlo, reconoce que se puede dejar legado sin ganar: "Para llegar al nivel de Maradona, Pelé y Cruyff, Messi tiene que ganar la Copa del Mundo. Cruyff no la ganó, pero era un jugador tan especial que transformó Holanda".

La grieta nos radicaliza, nos vuelve dogmáticos. Y en esa radicalización dogmática ya no puedo aprender más del otro. Solo puedo ver sus defectos y eso me aleja más aún.

Los que evitan la grieta, como Bielsa o como el mediocampista Fabián Carrizo, que fue entrenado por ambos, siempre aprenden algo y pueden integrar esos conocimientos y esas ideologías: "Fue un privilegio haber sido dirigido por Bilardo y Menotti. Es una pena que se busquen las antinomias que tanto mal nos hacen como sociedad. Aprendí un montón de los dos, ambos me enriquecieron".

Pero no es solo Bielsa. No es solo Carrizo. También fue Claudio Borghi cuando dijo: "Defiendo como Bilardo y juego como Menotti". Y también, el entrenador Francisco Maturana, quien, a pesar de ser usted su maestro y referente, reconoció: "Había aprendido muchos conceptos tácticos de ambos en mis primeros momentos como entrenador. Fue la tarea que me puso Luis Cubilla, uno de mis mentores como técnico, cada día. "Si pasas por mi casa y ves la luz encendida, llama", me decía. Y así lo hacía. Llamaba al timbre y subía a su casa para leer libros de Menotti y Bilardo".

Mucho de lo que yo quisiera seguir diciendo, para introducirnos a este tema, ya se dijo. Y fue un sabio del deporte quien lo dijo. Julio Velasco, entrenador de vóleibol, debe ser uno de los entrenadores argentinos más respetados en el mundo. Pero no solo en el ambiente del vóleibol, también en el fútbol (es importante aquí recordar que en Milan de Italia, Berlusconi lo soñó como entrenador luego de la salida de Capello y fue director deportivo de Lazio e Inter antes de regresar al vóleibol).

Velasco es una persona íntegra, capaz, valiosa, lúcida. Aquí, más valen sus palabras que las mías. El periodista Daniel Arcucci le pregunta: "¿Hay un estilo del fútbol argentino?". Y Velasco da rienda suelta a su sabiduría: "Yo creo que no. La verdad que no. Y creo que está bien que no lo haya. Yo no creo mucho en las uniformidades. En la Federación siempre digo que no quiero que todo el mundo me siga, que todos hagan lo que hago yo. Quiero que haya muchos entrenadores que la piensen distinto. Creo que es una riqueza".

A lo que agregó: "Existe lo que yo llamo la ideologización del deporte. O sea, lo que antes era en política ahora lo hacemos en el deporte: peronistas-antiperonistas, derecha-izquierda, comunistas-anticomunistas. Entonces, todos los comunistas son buenos porque yo soy comunista y todos los anticomunistas son malos porque yo soy comunista. Y viceversa. Y hacemos de cosas que son pragmáticas, que es como hacer jugar un equipo, toda una filosofía, toda una identificación. Si uno quiere hacerlo jugar de esa manera, está bárbaro. De ahí al paso siguiente 'que expresa nuestro modo de ser'. Yo tengo otra idea respecto de nuestra forma de ser (del argentino). ¿Cuál es nuestra forma de ser? ¿El Martín Fierro o Borges? ¿El tango o la cumbia? ¿El folclore o...?¿Buenos Aires o el interior del país? Nuestra forma de ser son muchas cosas. Y en el deporte también".

Y concluye magistralmente: "Se ideologiza cuando el que no hace lo que yo hago está del lado contrario. Todos los que piensan que hay que jugar bien a la pelota, son buenos; y todos los que, en cambio, creen que el resultado es lo más importante, son malos".

Y ello, que tan magistralmente dice Velasco, también corre en la dirección contraria: está ideologizado quien cree que los buenos son los que creen que el resultado es lo más importante y que los que piensan que hay que jugar bien a la pelota son los malos.

Esa forma tan radical de ser (los buenos son los que piensan como yo, los malos son los que piensan como ellos) nos inhabilitó por años a hacer una síntesis que refleje nuestras formas de ser, pensar y sentir, donde ambas son tan argentinas, y obtener un crisol y una simbiosis superadora de ambas, modo todo en una.

¿Argentina qué es? ¿Es la herencia de Menotti o la herencia de Bilardo? ¿Es querer ganar "jugando bien" o es "ganar como sea"? En Argentina es bien difícil precisar su identidad porque ambas corrientes (simplificadas al extremo en "jugar bien" o "ganar como sea") tienen mucho del argentino promedio. Porque hay una raíz en el potrero que invita a jugar bien. Nadie puede desconocer el origen argentino emparentado con la técnica. Pero, simultáneamente, la naturaleza del argentino es muy exitista: quiere jugar bien pero también quiere ganar como sea. Se condena la falta de juego pero también se condenará la derrota, aunque el juego haya sido satisfactorio. El argentino quiere todo. Si no gana jugando bien, quiere ganar como sea. Se celebra el buen juego, tanto como la picardía y, en algunos casos, la trampa. Conviven la estética y el utilitarismo. Los extremos se amigan en una naturalidad pasmosa. Extremos que alimentan, a su vez, los enfrentamientos dialécticos para defender una y otra postura. La identidad de Argentina, aunque cueste reconocerlo, son ambas cosas a la vez porque eso es lo que siente la mayoría. Si "juega bien y gana", representa el sentir del argentino. Pero si juega bien y pierde, es un "gil" (tonto). Si juega mal y gana, "el fútbol es para los vivos". Pero si juega mal y pierde, hay que exigirle la renuncia de inmediato. No es fácil el argentino. En el fútbol, tampoco.

IDENTIDAD ARGENTINA	
JUEGO Y RESULTADOS	FRASE TÍPICA
Juega bien y gana	*"Es un equipazo"*
Juega bien y pierde	*"Juegan lindo pero son unos giles"*
Juega mal y gana	*"El fútbol es para los vivos"*
Juega mal y pierde	*"No juegan a nada. Que se vayan"*

En esa alquimia dentro de un equipo de fútbol, quizá se encuentre la representación total y absoluta de un equipo de sentir, pensar y vivir a lo argentino.

Un equipo argentino debe ser capaz, entonces (si aceptamos esta visión como válida), tanto de darse cuarenta pases sin que nos quiten el balón, como de revolearla a la tribuna para enfriar el partido. Debe ensamblar la técnica más excelsa con la picardía más criolla.

Como entrenador de balonmano nunca creí que no se puede ser ofensivo y defensivo a la vez. Siempre me pareció una excusa para legitimar el juego que más me gusta e ignorar lo que menos. Pero esto no se trata solamente de lo que a mí me gusta. Se trata de saber cuáles son los componentes del juego: si hay que defender, pues se defiende como el mejor. Si hay que atacar, pues se ataca como el mejor.

Puedo decir que fui menottista en la forma de atacar y en cierto idealismo, que el tiempo y los años no han logrado apagar. Puedo decir que fui bilardista al ser obsesivo en cada uno de los detalles, haciendo análisis del juego más propios de un arqueólogo que de un entrenador. Y al ser un poco bilardista y un poco menottista, todos me decían que era bielsista (porque además siempre creí que es mejor perder, antes que ganar con trampa y deshonor).

Este libro contenía muchas frases que potenciaron las diferencias. En términos de *marketing* hubiese sido más beneficioso dejarlas presentes, porque funcionaban como aire al fuego. Lo reavivaban. Sin embargo, no cumple con los objetivos principales de esta obra: la "reconciliación" entre dos hombres decisivos en la historia de nuestro fútbol. Por eso decidí retirarlas (aunque el olfato de *marketing* me diga que estoy cometiendo un error).

Cierta vez, el periodista deportivo Miguel Simón dijo: "Hemos vivido divididos entre Menotti y Bilardo y nunca pensamos en construir a partir de los dos. Es más rentable esa decisión. Es más sencillo pensar así, además".

Quizá, entonces, el problema no haya sido Bilardo, sino los bilardistas extremos. Quizá entonces el problema no haya sido Menotti, sino los menottistas radicalizados.

Ojalá que todos los menottistas que lean esta mitad del libro, tengan la humildad y el espíritu de reconciliación para leer la otra mitad. Porque, al fin y al cabo, usted mismo lo dijo: "La receta de la verdad no la vamos a encontrar nosotros dos hablando (se refiere a Cappa y usted). Encontraremos la verdad entre todos, caminando del brazo". Y todos es todos: menottistas, bilardistas, bielsistas, bianchistas, gallardistas, simeonistas, pochettinistas, etc, etc, etc. Es que, si miramos bien la vida, todos tenemos la verdad. Solo que apenas tenemos una porción de la verdad. La sabiduría ocurre, también en el fútbol, cuando nos permitimos hallar esas otras porciones de verdad que andan dando vueltas por ahí.

Quizá, lo que usted supo sugerir en alguna oportunidad: "La comparación de Messi con Ronaldo no es buena para el fútbol. Hay que disfrutarlos", es una buena sugerencia para aplicar con usted y Bilardo.

Sueño con reconciliar ideas y personas. Sueño con extraer lo mejor de cada uno para poder crear un cuerpo de ideas que nos represente a todos.

Y, quien dice, puedan volver a compartir una cena como aquel lejano 1977 donde Roberto Saporiti los juntó: "Les propuse una cena en mi casa. Yo vivía en Palermo con Liliana, mi mujer. El Flaco vino con Graciela, mientras Carlos vino con Gloria. Comimos pastas. Charlamos un poco. Nada de fútbol, eh. Después de la cena se armó el debate en el living. Yo era un moderador. Nuestras señoras se estaban durmiendo... Estuvimos hablando hasta las 3 de la mañana. Nunca fueron amigos, pero siempre se respetaron. Lástima que después entraron en el juego periodístico".

Estimado Roberto Saporiti... ¿se anima a recoger el guante y volver a juntarlos? Le dejo ese desafío. Usted puede lograrlo. Si me permiten, yo les hago de mozo en esa cena. Y la camiseta argentina será mi ropa de oficio para esa tarea.

Qué bello mensaje deportivo, social y hasta político sería ese encuentro. Quizá el primer encuentro de otros posteriores grandes encuentros que puedan darse entre distintos tipos de distanciamientos entre argentinos. Los seres humanos somos mucho más básicos de lo que creemos: somos imitativos casi como cualquier otra especie animal. Es imposible dimensionar el impacto de un encuentro entre ustedes, pero que surgirán imitadores, es un hecho.

El pueblo futbolero argentino (y el no tan futbolero también) celebrará ese encuentro. Como celebró Maradona que ambos estuvieran cuando él volvió al fútbol en el 95: "Estaba Bilardo, estaba Menotti... Cada uno por lo suyo, está bien, pero lo cierto es que estaban ahí, ¡estaban conmigo!".

Sueño con, como dice el subtítulo de la obra, parafraseando al filósofo Bernardo de Chartres: "Superar la grieta y repensar el fútbol, subidos en hombros (y neuronas) de gigantes".

Mientras esperamos que ello ocurra, aquí empiezo esta charla con usted. No me quedó otra opción que inventarla...

CAPÍTULO 1
TÉCNICA Y TÁCTICA

> *"Menotti fue el mejor técnico que tuve en mi vida"*
> (Diego Armando Maradona)

CM: "Cuando un jugador se da una aventura, una jugada individual, tiene que estar preparado para volver al ritmo del equipo cuando acaba esa aventura, acabe bien o mal, me da igual. Esto le pasa también a Kaká. Kaká maneja solo su ritmo y nunca vuelve al ritmo del equipo. Por eso nunca alcanzará a ponerse la corona que tuvieron los cuatro grandes".

GC: Hay jugadores donde su incidencia en "el volver" es de carácter práctico, pragmático e inevitable. En determinados contextos hay jugadores que si no vuelven "el equipo no le saca la pelota a nadie". Pero hay jugadores donde su incidencia en "el volver" es emocional. Puramente emocional. No tienen incidencia relevante en la recuperación (porque es muy difícil que le quiten la pelota a alguien), pero tiene incidencia superlativa en la construcción del estado de ánimo para que ese equipo recupere el balón. Si lo ves correr a Messi 30 metros hacia un rival y se tira a los pies para intentar robar un balón, es un mensaje sin palabras que nadie puede desconocer. Y ya no importa si Messi la recupera o no. Es más importante que desee recuperarla y sea importante para él participar de cada gesta defensiva. Si Messi es capaz de hacer eso, el resto de los jugadores han de vestirse de gladiadores grecorromanos para defender esa pelota. Lo simbólico es muy importante en el fútbol.

CM: "En los tiros libres o faltas, también hay que tener algunas jugadas ensayadas porque el fútbol es sorpresa y lo que sorprende hoy ya no lo hace mañana. Eso exige al entrenador una búsqueda constante. Pero lo importante en esta jugada es fundamentarla. No valen esas jugadas donde pasa uno sobre la pelota, pasa otro, pasa un tercero, un cuarto y, finalmente, el quinto tira a la portería. Allí no hay objetivo claro, ni se sabe a quién hay que engañar, ni por qué pasaron por arriba de la pelota. Hay que plantear las cosas más sencillas y con toda claridad. ¿Cuál es el objetivo? El gol. ¿De qué manera lo conseguiremos? Engañando, haciendo una jugada de distracción".

GC: Me viene muy bien su explicación porque la creatividad en el fútbol está muy asociada a la técnica individual con el balón, especialmente relacionada con el regate en las situaciones de uno contra uno. Y está bien que así sea, pero está muy mal que sea la única asociación posible.

En las situaciones a balón parado, especialmente aquellas de carácter indirecto, la creatividad es tan indispensable como en un uno contra uno. La posibilidad de engañar nace de una oferta que confunde o que distrae (no son sinónimos pero en este punto puede aceptárselos como tal) y nada de ello puede conseguirse sin creatividad.

O sea, el engaño es dependiente de creatividad.

CM: "Nunca escuché tantas boludeces. Si Van Basten habla de sacar el fuera de juego, el fútbol es otro deporte. Una cancha de fútbol tiene 7000 metros cuadrados, a cada jugador le corresponden 700 metros imposibles de dominar. El sabio que puso el fuera del juego lo hizo para que tu inteligencia maneje las dimensiones. El fuera de juego permite la reducción de espacios, es lo más sabio, lo que más te hace pensar".

GC: Es otro deporte. Así jugamos en nuestro torneo de veteranos y es otro deporte. Personalmente, aun en un torneo de veteranos, preferiría seguir jugando con *offside*. Es un estímulo mayor para el pensamiento, la picardía, el manejo de los tiempos y los espacios.

CM: "Entonces, hay jugadores que sin ser velocistas, dominan ese cambio de ritmo, utilizan la inteligencia, el engaño. Cuando dan la impresión de frenarse, aceleran y sacan gran ventaja sobre los adversarios sin ser demasiado rápidos. Lo hacen varias veces en la carrera y cuando parece que están al máximo, siempre les queda un poco más de aceleración. Y al revés, cuando aparentan acelerar con un cambio de paso, frenan y sorprenden. Sorprenden siempre y ganan; que de eso se trata y no de correr más rápido".

GC: El cambio de ritmo debe ser, en el fútbol, uno de los conceptos más fáciles de entender en la mente pero más difícil de ejecutar desde el cuerpo. No sé, imagino que tiene que ver con estas dualidades tan recurrentes con las cuales el cerebro reduce su carga cognitiva. Es decir, quizá el cerebro entienda el concepto de velocidad como "máxima o nada" para economizar su tarea (la neurociencia ha probado que el cerebro es bastante "holgazán"). No pareciera tan descabellada la hipótesis de la "dualidad": al parecer el cerebro vive en modo etiqueta, lo primero que hace es definir si algo es bueno o malo porque ancestralmente esos procesamientos rápidos fueron imprescindibles para la supervivencia (y hoy lo siguen siendo). Pero también decide rápidamente si es lindo o feo. Y luego aparecerán decenas de categorías secundarias en forma de polarización. Sí, hasta la política con su derecha o izquierda. Todo se polariza. Y en esa polarización, el cerebro tiende a ignorar los matices. Y aquí, justamente aquí, ignora los cambios de ritmo.

Esa tan "ancestral polarización rápida" que fue bien necesaria para sobrevivir, ha tenido efectos secundarios no deseados. Mire si será un sesgo tan humano que hasta los polarizamos a ustedes: Menotti-Bilardo. El cerebro, buscando simplificar, también comete sus injusticias: con ustedes y con el cambio de ritmo.

CM: "El *pressing* es una de las posibilidades que un equipo debe manejar. Debe ser una respuesta más para utilizar según el adversario. No puede emplearse como norma: este equipo hace *pressing*. Una cosa, por ejemplo, es jugar contra una línea de fondo de Noruega y otra contra Brasil".

GC: En épocas donde la "presión alta" parece un mantra obligatorio, este pensamiento puede ayudar a repensar (repensar no necesariamente significa cambiar sino, justamente, volver a pensar buscando confirmar o cambiar).

CM: "¿Cómo se rompe el *pressing*? Sabiendo que es fundamental ganar las espaldas de los primeros que presionan. Eso es grave para el equipo que presiona. Y se les gana la espalda haciéndolos venir, retrasando la pelota, para ponerla después a sus espaldas. Si eso se logra, ya tenemos superioridad numérica o enfrentamos mano a mano a los últimos hombres de los rivales".

GC: Hoy se habla y se ejercita mucho esto. La necesidad de atraer y superar la primera línea de presión para luego gestionar un ataque combinativo rápido. El Arsenal de Mikel Arteta busca, permanentemente, este concepto que combina una forma de defender el espacio en bloques medio-bajo, para que cuando se recupere el balón se pueda jugar así. Arsenal cuando ataca prefiere hacerlo con espacio y habiendo, de alguna forma, desestabilizado la lógica defensiva inicial del rival. La fórmula parece combinar mucho de paciencia (para romper la primera línea de presión) con mucho de impaciencia (para acelerar cuando esto efectivamente se produce).

CM: "No conozco ningún sistema que evite riesgos. Los riesgos están, como en la vida".

GM: La primera ley de Funder aplica muy bien para analizar este punto. Dice que "las ventajas y las desventajas están tan entrelazadas que son inseparables". David Funder, en el libro *The Personality Puzzle,* decía así: "Las mayores fortalezas son normalmente grandes debilidades y, sorprendentemente, lo contrario también es cierto". La "primera ley de Funder" es la "manta corta" de Tim en el fútbol. Idéntica. En principio es visible que a mayor cantidad de hombres aplicados a la tarea ofensiva, las desventajas defensivas aumentan. Vale también para el caso contrario. Pero como es fútbol, con ambas se puede ganar. Con ambas se puede perder. Uno lo que elegirá en ese caso, es como quiere ganar y como quiere perder.

CM: "Se equivocan aquellos entrenadores que, para justificarse, dicen: 'Con estos jugadores no se puede jugar bien al fútbol'. Si como entrenadores pensamos que no podemos jugar bien al fútbol con jugadores de Primera División, partimos de un error derivado de una comodidad".

GC: El biólogo y científico Bruce Lipton ha demostrado cómo nuestras células son influenciadas por nuestras creencias.

"Tanto si crees que puedes como si no, tienes razón", dijo con sabiduría Henry Ford. Virgilio fue muy claro: "Pueden, porque piensan que pueden". "Carácter es destino", pensaban los griegos. Buda, hace más de 2500 años también lo dijo a su manera: "Todo está en la mente". El "sesgo optimista" puede ser útil en este caso. Si bien se caracteriza por infravalorar las posibilidades de dificultades que nos puedan acontecer (si a alguien se le pregunta qué posibilidades tiene él mismo de desarrollar un cáncer, la mayoría tiende a expresar un porcentaje bastante inferior al que da cuando se refiere al riesgo de los demás) y sobrevalorar las condiciones propias (casi todo el mundo se considera más atractivo e inteligente que la media) es útil porque las personas serían más fáciles de motivar y de hacerles creer que pueden, paso primordial para que verdaderamente puedan.

> *"Menotti marcó un antes y un después en la selección"*
> *(Osvaldo Ardiles, campeón del mundo 1978)*

CM: "Hay tres zonas en el campo de fútbol: de distracción, de gestación y de definición".

GC: Claro, lo que en los manuales tradicionales se conoce como zona de iniciación, zona de creación y zona de definición.

La gran variabilidad táctica a la que ha llegado el fútbol, en estos años, pareciera que ha difuminado las fronteras de las zonas. Varias ideas:

1. A mí me gusta más, como dice usted, zona de distracción que zona de iniciación. ¿Por qué? Dos razones: Esta zona no siempre es zona de iniciación (porque no siempre es zona de recuperación). Y porque, con el advenimiento de los defensores eximios en pasar el balón (algo que sabemos siempre fue de su agrado), esta zona se ha convertido en zona de atracción (atraer para superar la primera línea de presión y transitar, velozmente, el resto del campo para llegar a zona de finalización con el rival desorganizado).

2. Toda zona, por si misma, debe ser considerada de creación por cualquiera de los jugadores. La misma zona que acabamos de considerar como de iniciación (por la bibliografía clásica), de distracción (por usted) o de atracción (por mí) es, en definitiva, una zona de creación (se están creando ahí, por distracción y/o atracción, las condiciones para llegar a la zona de definición, no importa cuán lejos se encuentre ella).

3. Y hay veces donde todas las zonas se vuelven una inevitable combinación de un combo tres en uno. Cuando un equipo rival repliega al bloque bajo más profundo, esta última zona de definición, por restricciones tácticas que nos impone el rival, se vuelve también zona de iniciación/distracción y zona de gestación/creación. Se resuelven las tareas, todas, en una misma zona. Aquí ya no vale el término "atracción" porque el rival ha elegido refugiarse y en ese refugio está su confortabilidad, no dejarse ser atraído. Excepto que nos corran la portería, la zona que nunca cambiará será la de definición. La portería nos espera siempre al final.

CM: "Es fundamental el funcionamiento colectivo, la idea estratégica desde la que se plantea cómo se defenderá, recuperará, gestará y definirá, más que cualquier intención de mejoramiento de las valencias atléticas de las individualidades".

GC: Léase, la preparación táctica es más importante que la preparación física.

CM: "Todos sabemos lo importante que fueron las duplas (pequeñas sociedades, como yo las llamo) tan famosas como Di Stéfano-Puskas, Pontoni-Martino o Labruna-Loustau. Se van armando en la cancha. En cuanto al nacimiento... no sé, tal vez a partir de una afinidad entre los jugadores. Yo creo que ellos son los que dan una propuesta al entrenador. Son jugadores con un mismo concepto futbolístico, pero de características diferentes aunque complementarias que, si se juntan, pueden alcanzar un elevadísimo rendimiento. Todo, por supuesto, en beneficio del equipo".

GC: Maradona-Díaz en el Mundial sub-20 de 1979. Maradona-Caniggia. Barros Schelotto-Palermo. Messi con varios, y elijo destacar una no habitual: Messi-Dani Alves. Creo entender el concepto. Son sociedades que se gestan desde un entendimiento natural, a las que luego se les puede agregar trabajo. Nunca al revés, no nacen del trabajo. Es como el amor, uno se entiende a primera vista. Después construye un hogar. El camino inverso nunca fue el mejor para el amor. Tampoco para las "pequeñas sociedades".

La mejor forma de entender una "pequeña sociedad" es escuchar quienes han podido conformar una de ellas en el campo. Diego Forlán, el delantero uruguayo, recuerda sobre su paso por el Villarreal de España: "Riquelme anticipaba mis movimientos y me hacía pases que eran el sueño de cualquier delantero y que yo, a menudo, transformaba en goles. A veces parecíamos niños jugando en el parque con entusiasmo y pasión por el fútbol".

CM: "Cuando un equipo que hace zona tiene la pelota, marca al hombre. En ese momento no marca más en zona. Si la pelota es mía, de mi equipo, y yo soy un lateral, no puedo quedarme en mi zona. Tengo que elegir entre ir a distraer o marcar. Participo en la distracción, la gestación, la definición o marco".

GC: Qué concepto tan claro, que parece tan simple y, a la vez, cuán ignorado.

CM: "Lo que se logra, además, con la posesión de la pelota es la superioridad anímica".

GC: Sin dudas, es notoria la diferencia mental en un jugador entre tener el balón y su ausencia. Y es abismal la diferencia entre que el rival la tenga mucho y el nuestro nada. Esto es universal: cualquiera que vaya a jugar un "picadito" (partidillo) entre amigos lo sufre o lo disfruta.

Si, imaginariamente, pudiésemos dividir esto de la posesión y su ausencia, las categorías serían las siguientes. Van desde el mejor escenario al peor:

1. Soy el poseedor del balón (excepto esos jugadores que aborrecen tener el balón, que serán raza en extinción).

2. Mis compañeros son los poseedores del balón (y en consecuencia, yo también lo soy).
3. Mis rivales "alejados" son los poseedores del balón
4. Mis pares e impares, mis rivales "cercanos" son los poseedores del balón.

Por eso mismo hay entrenadores que preparan a sus jugadores para "disfrutar en la ausencia": pueden tolerar amplios momentos del juego sin que la ausencia del balón los deje, además, en inferioridad anímica. La mente es tan flexible, maleable y adaptativa que no es nada imposible conseguir esto.

CB: "Después de Holanda, aparecieron 80 equipos haciendo *pressing* sin darse cuenta de que si Holanda hubiera manejado mejor los tiempos (como en la música los silencios) para sorprender, se hubiera evitado graves problemas que tuvo por ser tan repetitivo. En muchos partidos que he visto, había momentos en que ellos eran los sorprendidos por el rival que ya conocía la mecánica del *pressing*".

GC: Acá bien vale recordar lo que ya se dijo en el espacio dedicado a Bilardo y la necesidad de la flexibilidad y variabilidad: "En cambio, si se flexibiliza, pone más signos de interrogación en la mente del otro entrenador, lo obliga a dedicarle tiempo del entrenamiento a esa sola situación, a sopesar variantes, a estar a la espera de cuándo hará esa variante táctica".

CM: "Cuando un jugador necesita más de tres toques para resolver, hay un problema. De él o de funcionamiento. Eso tendrá que saberlo el entrenador. Porque ya más de tres toques significa tiempo dado al adversario para recuperar espacios y reordenarse. No hay engaño, no hay distracción cuando un hombre, solo, toca más de tres veces la pelota antes de pasarla a un compañero. Normalmente un jugador debe resolver en tres toques como máximo: uno para dominar, otro para acomodar y el tercero para pasar. Si esta norma la maneja el equipo hasta facilita el desmarque, porque cuando un jugador ve que su compañero dominó y acomodó, sabe que buscará el pase y por eso se muestra como alternativa. Se crea así un funcionamiento colectivo. La gente empieza a moverse de otra manera, entiende que para poder distraer hay que darle la menor cantidad de posibilidades al contrario. Si el toque es rápido, la pelota circula mejor. Y todos sabe-

mos que es más fácil pasar la pelota que eludir a un oponente. Se utilizan los recursos individuales cuando no hay otra alternativa. Y se apela a la gambeta. Además, los tres toques podrían ser un punto de referencia más para facilitar el funcionamiento. Los tres toques son como una guía que le damos al jugador, una referencia. Es la base en el funcionamiento del equipo. La necesidad que tiene el equipo de respetar la entrega rápida para encontrar el funcionamiento que deseamos. Con esto tratamos de mentalizar a los jugadores en la urgencia del apoyo al compañero, la necesidad de ofrecerle salidas al que tiene la pelota. Con no más de tres toques se encuentra con mayor facilidad la distracción. El adversario no tiene tiempo de rearmarse, de pensar".

GC: Este es un axioma universal del fútbol. Y a los cuales el tiempo los ha llevado a exigencias cada vez más altas: dos toques y hasta un toque.

La única excepción a esta regla (porque toda regla tiene su excepción) tiene que ver con la fijación de oponentes con balón: hay situaciones donde con la utilización de algunos toques de más, logro la fijación de uno o más jugadores (y que si efectivamente ese balón circulaba a un toque, no la hubiese obtenido). Por ejemplo: ir al ataque con balón a un intervalo puede provocar la fijación de dos oponentes, permitiendo liberar un compañero. Personalmente, debo reconocer que este es un tema de particular interés para mí porque mi vida como entrenador de balonmano me llevó a preocuparme siempre por las fijaciones con balón, sean estas fijaciones de pares o impares. Y hay veces que, efectivamente, para que una fijación ocurra, es necesario disponer del balón hasta último momento, el momento de máxima atracción de uno o más oponentes.

La fijación con balón es, vinculado a la regla de pasar a pocos toques, una de las interacciones más virtuosas para desarrollar la inteligencia del futbolista. Porque si cada una de ellas se moviera independientemente de la otra, el futbolista no estaría obligado a pensar. O bien sería un autómata para pasar siempre a la mínima cantidad de toques. O bien sería un autómata para conservar y progresar hasta la fijación. El futbolista inteligente desarrolla la sabiduría que le exige el juego de decidir si el paso del balón por sus pies amerita una continuación en un toque o el intento de una fijación con balón. Aquí es útil aclarar que, con un buen posicionamiento en un intervalo, pueden producirse ambas a la vez; es decir, voy a recibir el balón en una zona intermedia, eso produce la atracción de mi par e impar, y en ese preciso momento está ocurriendo lo mejor: fijar dos oponentes que me permiten entregar el balón a un solo toque.

Excepto en esta situación bien particular, la fijación con balón, la regla de los tres toques (dos o uno) conforma parte del ABC que debe dominar todo futbolista.

CM: "La selección de Holanda y el Ajax de aquella época, fueron equipos que aportaron cosas revolucionarias, que hicieron pensar".

GC: Legados por todas partes. Entre ellos a Barcelona. Y todos sabemos, a su vez, lo que hizo Barcelona con ese legado. Puso a todo el mundo (literal) a jugar "juego de posición". O sea, un legado desde el legado.

CM: "La táctica es programática. Por lo tanto, todo lo que sea programático en el mundo de la acción, donde aparece lo inesperado, no tiene mucho sentido. Vos elaborás una táctica para tu día, pero te aparece algo imprevisto y a la mierda la táctica".

GC: A veces pienso que los entrenadores se enamoran de sus tácticas y, como toda persona enamorada, se obnubilan y no pueden apreciar más ninguna otra cosa. En ese punto, el enamoramiento se emparenta con la soberbia. El entrenador se imagina que su intervención (táctica) amarrará las variables del juego a su razonamiento, intuición o predicción. Cuando ello ocurre, los jugadores sienten fascinación con sus entrenadores y entregan su confianza sin retaceos. Andrea Pirlo confesó que las palabras que usaba Antonio Conte le asaltaban la mente, se le instalaban en su interior y que después del partido terminaba diciendo: "Ha dado en el clavo una vez más". Un entrenador que adivina, con cierta recurrencia, lo que va a ocurrir (aunque en realidad, más que adivinar, se trata de estudiar los patrones de juego que se repiten indefectiblemente) y además entrega soluciones, genera merecida adhesión. Pero también ocurre lo contrario. Los planes

A siempre deben tener a mano planes B, C, D y Z. Y ahí es donde entra a jugar la creatividad e innovación del entrenador (para pensar los planes B, C, D y Z. Y para lograr pasar rápidamente de uno a otro). Ahí es donde entra a jugar la creatividad e innovación del jugador (aunque debiera estar a disposición siempre, no solo en escenarios desfavorables), ofreciendo disrupciones al juego, soportes inesperados que rompen patrones (técnica, táctica o emociones), tendencias del juego que muestran que lo planificado "no está sirviendo".

CM: "La gente suele decir de un defensor que es muy bueno porque no deja moverse al adversario; y yo digo que ese defensor es muy limitado. Para mí un buen defensor, un defensor completo diríamos, es aquel que no solo le quita la pelota al adversario sino que la recupera para su equipo. Lo otro, quitarle la pelota al adversario y nada más, es interrumpir el juego. Porque si aquel defensor se limita a tirar la pelota afuera o a cometer falta, la pelota sigue en poder del adversario. Se defiende, en primer lugar, para que los rivales no nos hagan gol. Pero si solamente hacemos eso, no podremos ganar un partido. Entonces, se defiende también para recuperar la pelota. Por eso, el gran defensor es el que le quita la pelota al adversario y se la entrega a un compañero para que juegue su equipo".

GC: Comprender la naturaleza de esta definición es replantearse el paradigma principal sobre qué significa defender. Y además, una vez comprendido, nos permite valorar la defensa también como un concepto ofensivo. Defender ya no es solo bloquear o interrumpir. ¡Defender es recuperar para atacar!

CM: "Una vez hablando con Fangio, quíntuple campeón del mundo de Fórmula 1, yo le hice una pregunta sobre un corredor argentino. Y me dice: "Es muy bueno, lo más importante es que de los cinco mejores, él es el que frena primero. En el automovilismo es más importante frenar que acelerar". Y yo pensé, en el fútbol es exactamente igual".

GC: ¡Cuánto simplifica una analogía! Todo se entiende más fácil. Claro. En una carrera a velocidad máxima constante para atacar con el balón, el defensor tendrá un parámetro estable sobre el cual correr. En cambio, si cuando se acerca desaceleras, el oponente también desacelerará (nadie quiere pasarse de largo) y en ese mismo momento se vuelve a acelerar. Es el atacante quien tiene la iniciativa sobre las decisiones de aceleración en el juego. Pero cuidado, el defensor también puede poner sus trampas frenando y otorgando espacios a los atacantes para que "crean que" y producir una feroz aceleración que lo encajone contra la línea, por ejemplo. La velocidad máxima siempre debe ir acompañada de una inteligencia creativa que la use a su favor. Y el toque creativo lo pone la pausa y el freno, nunca la velocidad máxima.

> *"Menotti fue mi referente"*
> (Francisco Maturana, exentrenador de la selección colombiana)

CM: "No hay tácticas prefijadas. Un técnico se tiene que sentir halagado cuando un periodista dice: 'No sé en realidad a qué juega este equipo. Siempre está modificando su forma'".

GC: Qué grato es para mí escuchar esto. Siempre he visto con mucha preocupación esa polarización "equipos con identidad" (que juegan siempre a lo mismo) versus "equipos camaleónicos" (que cambian constantemente).

El cambio también puede ser identidad. ¡El cambio es identidad! La variabilidad es un principio básico del entrenamiento y la táctica. Cuanto menos dispuesto estés a darle variabilidad a una identidad, más rápidamente esta se expondrá a su entendimiento y futura anulación.

La identidad y la variabilidad van juntas. Tomemos una perspectiva amplia que exceda el fútbol. El caso de Coca-Cola es paradigmático. Mantiene su identidad con su producto estrella, con su "vaca sagrada": la Coca-Cola. Pero ello no es obstáculo para su diversificación en distintos otros productos: limonadas, aguas, naranjadas, bajas calorías, etc. El "equipo" es su identidad y su variabilidad a la vez.

CM: "El pizarrón es estático. No me da la respuesta del equipo. En el campo la tengo".

GC: Claro, ¡en un segundo cambió todo! Harían falta 5400 pizarrones (uno por cada segundo que dura el juego) para poder explicarlo. Y aun así, quedarían dudas. Cuenta la leyenda que el entrenador Vicente Feola había dado una charla técnica espectacular, explicando en el pizarrón cada uno de los movimientos. Al final de la exposición, Garrincha le preguntó: "¿Usted ya se puso de acuerdo con los rivales para que nos dejen hacer eso?". Roberto Martínez, el entrenador de la selección de Bélgica, lo ve de la misma forma: "Como entrenador nunca he perdido un partido en la pizarra, pero he perdido muchos en el campo. La victoria sobre Brasil no ha sido por la táctica, sino por la ejecución de la táctica". El pizarrón permite trazar los rasgos generales del juego, nunca la dinámica e infinita interacción del juego. Pero aun así, como esas sensaciones que tan bien describe Guardiola, ¡qué maravilloso que resulta ver que el juego devuelve lo que el entrenador anticipó en el pizarrón! Mientras existan los entrenadores, existirá el pizarrón. Negro y con tizas. Verde y con fichas. Electrónico y táctil, pero pizarrón al fin.

Pero no siempre el campo devuelve lo que el pizarrón pensó. El pizarrón es intelectual, idealista y soñador. El campo es hacedor, práctico y realista.

CM: "¿Quiénes son los que marcan las diferencias? ¿Los técnicos con sus tácticas? Eso es una mentira. El que desnivela es el jugador".

GC: El jugador tendrá siempre la última palabra, pero el entrenador puede ayudarlo al preparar un buen discurso. Un libreto que marque las directrices del discurso, pero que también permita la improvisación cuando el auditorio deje entrever que así es necesario. La pelota parada es el arte de la planificación creativa (creatividad racional). El uno contra uno es el reino de la imaginación improvisada (creatividad inconsciente) Recorren distintos circuitos cerebrales porque hay ideas que nacen desde el razonamiento y otras desde la urgencia. De lo visto en el Mundial 2018, con defensas con altísima densidad, donde los espacios sociométricos son cada vez más pequeños, vamos a cada vez menos situaciones de uno *versus* uno. Al no poder penetrar por pasillos (porque se perciben inexistentes) ni en situaciones de uno *versus* uno (porque la gambeta deja de tener relación uno a uno debido a la contigüidad en las ayudas, coberturas y vigilancias) va cobrando cada vez más importancia las jugadas a balón parado, llegando a casos extremos como, por ejemplo, en el partido de Inglaterra con Panamá donde cuatro de los cinco goles ingleses, en el primer tiempo, fueron gestados en jugadas a balón parado. Gareth Southgate, el entrenador inglés, dispone de un verdadero laboratorio creativo en cantidad y calidad de jugadas de este tipo. Por un lado, con Kieran Trippier en la función de lanzador; por otro lado, con Maguire, Stones y Harry Kane como finalizadores; de esta forma, destrozó el sistema defensivo "en movimiento" de Panamá. Y las usa con naturalidad y sin reservas, como la maravilla combinativa del cuarto gol, que bien podría haberla dejado en "reserva" para una próxima fase. Estas tendencias harán, a futuro, surgir cientos de especialistas en factores concurrentes de éxito como las jugadas a balón parado. Pero hay alguien que fue innovador y visionario; y al mismo tiempo, llegó primero, como buen "*first mover*", a ocupar ese espacio. Se llama Gianni Vio y su trabajo produjo que, en la Fiorentina de Italia, 30 de sus 72 goles vinieran de acciones a balón parado. Se sabe que entre un 40% y un 44% de los goles (estas cifras crecerán) se convierten bajo esta situación de juego. Sin embargo se sabe también que se le dedica, aproximadamente, solo un 5% del tiempo. ¡No hay relación costo-beneficio! El costo es muy bajo para un beneficio tan alto. Ya existen capacitaciones para poder titularse en un "Máster de entrenador específico de acciones a balón parado" (ABP). No faltará mucho para que los equipos dispongan, si no lo están haciendo ya, un turno diario de entrenamiento dedicado solo a este momento del juego: "el quinto momento". Cierta vez realicé una encuesta para ver la importancia que le asignan a la creatividad en las jugadas a balón parado. Pregunté: ¿Qué gol cree que valora más un futbolista en una jugada ABP? Un 3% contestó "copiada a otro DT". Un 29% que le da lo mismo. Pero un 69% valoraría la que fue creada para ellos. O sea, se valora el gol, pero se valora más si hay una dedicación orientada creativamente al grupo.

CM: "El fútbol es un deporte que se juega y no nació para la conferencia o para escribir un libro intentando definirlo desde un sistema, desde una táctica. Tampoco ejemplificarlo con nomenclatura mediante la cual se pretende analizar algo manejando números como en la química. Es hasta ridículo. Cuando decimos H2O (la fórmula del agua) se está definiendo valencia y nos estamos refiriendo a algo concreto: hidrógeno 2 y oxígeno. Cuando hablamos del fémur o de los pulmones, o del corazón o del hígado, sabemos dónde están, cuáles son sus funciones, sus alteraciones. Cuando decimos 1-2-3-5, 1-3-4-1-2 o 1-4-3-3, intuimos que se trata de números de teléfono o direcciones, quizá".

GC: Son muchos los que piensan como usted. Alfredo Di Stéfano decía que para hablar de fútbol puedes poner los números que quieras: 4-2-4, 4-4-2, 5-3-2... Pero, para jugar bien, los números no sirven para nada. El entrenador Leonardo Jardim piensa similar cuando dice: "Yo no soy un gran partidario del 4-3-3 o del 4-4-2. Lo que me interesa, sobre todo, es la dinámica de juego". El entrenador Juanma Lillo piensa lo mismo: "No hay que atender a los dibujitos. Para mí, en el 4-1-4-1 hay tres delanteros. Y es que en cuanto se mueve el balón, el dibujito se fue al carajo". Es bien cierto, la dinámica del juego enseguida rompe con lo estático de la definición numérica. Los números, más bien, se asemejan a un cuenta kilómetros aleatorio de un auto. Van y vienen. Hacia arriba y hacia abajo. Es cierto que el fútbol no refleja en su exactitud cambiante, pero alguna razón oculta debe haber para que se siga usando y usando. Y usando cada vez más. Por un lado estimo que debe ocurrir porque se otorga un marco de referencia conceptual desde donde partir, desde cómo iniciar. Si cada jugador se parase en el campo de forma anárquica, en algunos casos se podrían obtener buenos resultados pero en muchos otros el anarquismo devendría en caos. Es necesario un plan mínimo. Que ordene las fuerzas y las optimice. Y uno sigue viendo que se usan. Se ve, se palpa. En enero de 2018 me tocó comentar, para una radio, el partido inaugural de la Superliga Argentina entre Boca Juniors y Colón de Santa Fe, en la mítica Bombonera. Se hizo muy clara y evidente la numeración. Boca, el equipo conducido por Guillermo Barros Scheletto, jugó una gran parte del partido 4-2-3-1. Desde la cabina de transmisión las líneas se apreciaban con total claridad. Si bien el juego podía desordenarlas de forma transitoria, rápidamente la estructura volvía a tomar su forma. Una y otra vez. Cuatro defensores, dos cinco básicamente aplicados a la tarea de contención (Nández-Barrios), tres medios-delanteros (Pavón-Tévez-Cardona) y un nueve de referencia (Bou). Luego de un cambio (Buffarini por Bou) Boca cambió a un nuevo diseño, igual de notorio, igual de visible, también fácilmente advertible. Cambió de 4-2-3-1 a 4-3-1-2 (flexible porque la tarea movediza de Tévez también lo transformaba en un 4-3-2-1). Se mantenía la línea de cuatro defensores, se armaba una línea de tres mediocampistas al desaparecer el doble cinco e iniciar el trabajo de dos interiores (Barrios de mediocentro, Nández y Buffarini de interiores), Cardona de enlace y Tevez-Pavón de delanteros.

Es muy difícil, César, no darle la razón; pero es muy difícil, también, otorgarle la razón por completo. Hasta que se descubra algo nuevo que pueda sustituirlo, alguna razón existirá para que lo usen.

CM: "Que alguien me explique qué es 4-2-4 o 4-3-3, es un invento de los periodistas y entrenadores. El fútbol tiene cuatro acciones: defender, recuperar la pelota, generar juego y definir, y se maneja con tiempos, espacio y engaño. El juego no tiene tácticas sino nombres propios".

GC: Supongo que todo lo dicho en el párrafo anterior tiene aplicación también acá. Pero me encanta que resalte el concepto engaño a la altura de tiempo y espacio. Porque engaño está asociado a la capacidad de inventarse acciones que distraigan, que hagan creer una cosa cuando se piensa hacer otra. El engaño, en fútbol, es la trampa más lícita del mundo. La trampa necesaria. El engaño requiere de picardía e inteligencia. De estudio y de creatividad. El engaño es una trampa a lo esperable. Y las conductas de engaño pueden planificarse como salir espontáneamente. En un partido de Premier de 2018 hubo un tiro libre a favor de

Manchester City. Sergio Agüero se puso junto a la barrera e insinuó agacharse para acomodarse sus medias, acción que "durmió" por un segundo al defensor que estaba a su lado; tiempo suficiente para desmarcarse, recibir el pase y anotar el gol.

CM: "España me devolvió el apasionamiento por el juego. Verle jugar con los chiquitos fue reconfortante. El fútbol es el único lugar donde me gusta que me engañen. El fútbol son tres cosas: tiempo, espacio y engaño. Pero no hay tiempo, no se buscan los espacios y ya no me engañan nunca. Me aburro de tal manera que tengo la sensación de que eso que llaman fútbol es otra cosa".

GC: El engaño nos puede devolver el tiempo y el espacio perdido.

CM: "Si vos engañás pero no manejás los tiempos y te apurás, el engaño se descubre. Si vas a un espacio que no es el correcto para qué engañás. En las pelotas cortas si no hay engaño, no hay pase y eso hacía Diego. Un día Pelé metió una pelota que yo me quedé…. Iba corriendo para el lado izquierdo, derechito, y de golpe con izquierda metió la pelota para el otro lado a su compañero, Carlos Alberto, que entraba en diagonal. Cuando pateaba los tiros libres no sabías con qué le iba a pegar. Un fútbol de otro mundo".

GC: El engaño es el maestro de la fascinación.

CM: "Cruyff venía caminando flojo, como ausente del partido y de pronto rompía el ritmo, ganaba dos metros, recibía y dominaba. Ya estaba armado y cuando Cruyff se armaba, la cosa era complicada".

GC: ¡Como Messi! Los genios necesitan pasar por esos estadios de "desconexión aparente" porque están incubando su genialidad. Los laboriosos no pueden desprenderse de la concentración absoluta, porque de ella depende su rendimiento. Y, como la genialidad es la excepción que todo lo rompe, esa genialidad necesita de su incubación. Como dijo Guardiola: "Parece que está desconectado, pero nunca lo está".

En realidad lo está, pero no está (risas). Es que esa aparente desconexión es condición necesaria para que después haya una gran conexión. Parece desconectado porque se está produciendo un procesamiento cerebral muy fuerte y necesario a nivel inconsciente.

CM: "Si no hay ningún adversario es una jugada inútil que solo distrae a los compañeros. Hay que usarla con criterio para no gastarla. En jugadas intrascendentes conseguimos que el adversario conozca una de nuestras armas y nada más".

GC: Si bien está claro que usted lo está utilizando para explicar una jugada en particular, yo quisiera tomarlo para aplicarlo como concepto universal: "Nunca hagas una jugada donde el juego no la necesita". Y ahí es donde nace la diferenciación: si el juego no la necesita se trata de una mera ejecución estética. Ahora, si el juego "la pide" es donde se une la estética de la creación junto con la eficiencia de su utilización (lo hago con un objetivo práctico).

Su lección también incluiría un: ¿para qué descubrir nuestras armas si no hay ningún tiroteo? ¿Para que el rival sepa que armas tenemos cuando efectivamente se produzca el tiroteo? No guarda lógica competitiva.

> "Menotti es un tipo muy sabio, una eminencia en nuestra cultura futbolística"
> (Marcelo Gallardo, exjugador, entrenador multicampeón con River Plate)

CM: "¿Qué significa sistema en el fútbol? Todo lo sistemático es un lugar de protección para la mediocridad, o falta de creatividad o imaginación. Yo creo más en el arte".

GC: Sistema implica un orden, en cierta forma unas restricciones. Un modelo de actuación. Casi como un protocolo en las empresas. Las cosas se hacen de cierta forma. La elección del mejor sistema es el que garantiza el orden de protección que necesita un grupo ante la agresión de un tercero y un desorden que permita la liberación de fuerzas creativas, capaces de sorprender al orden que había generado el oponente para su propia protección. El sistema no ha de ser coercitivo en exceso, la creación no ha de ser anárquica en demasía. Sergio Hernández, exentrenador de la selección srgentina de básquet, suele decir: "Se habla de orden y creatividad como si fueran cosas opuestas: sin orden no hay creatividad. Messi, Ginobili, el que te guste, necesita orden. El diseño del juego hará que el jugador que pagaste 100 millones, los valga". Como dijo el entrenador colombiano Francisco Maturana: "Vamos a jugar al fútbol. Vamos a buscar un orden que nos permita desordenarnos cuando tengamos el balón".

Si vamos a una definición que hiciera el psicoanalista Erich Fromm en 1959 usted estaría en lo cierto. Fromm dijo: "La creatividad no es una cualidad de la que estén dotados particularmente los artistas y otros individuos, sino una actitud que puede poseer cada persona". Veo con espanto que la improvisación, el "desorden ofensivo" y el talento individual corren por vías separadas del orden, el ajuste táctico y la planificación rigurosa. Eso es una falsa contradicción. Se habla de "desorden ofensivo" como atributo positivo del ataque. Para mí, el nivel de desorden ofensivo es directamente proporcional a la cantidad de jugadores que permuten puestos, liberen espacios en favor de otros y que estos sean ocupados por sorpresa. Hay algo de caos, algo de engaño. Es necesario evitar la superposición de jugadores en el mismo espacio (excepto que se quieran fijar marcas intencionalmente). Es necesario que ese desorden sea un orden que se interprete más rápido por quien ataca que por quien defiende. ¿Por qué no se desordenan más los equipos? Porque temen que el mérito del desorden ofensivo se transforme en demérito en el orden defensivo. Y porque tienen dudas de autointerpretarse. O sea, no entender el producto final del desorden. ¿Cómo lograr esa creatividad en el desorden sin perder el "orden"? Ambas a la vez no es posible. Lo dice la neurociencia: controlar y mantener un orden tiene más que ver con actividad cerebral en corteza prefrontal lateral (tiene preponderacia en la defensa). Cuando se está en fase creativa, se suele fluir y esto tiene que ver con una actividad en corteza prefrontal medial (tiene preponderancia en el ataque). Porque el orden es una cualidad que, en buena dosis, mejora una defensa y empeora un ataque; mientras que el desorden es una cualidad que, en buena dosis, mejora un ataque y empeora una defensa. A su vez, hay distintos tipos de desórdenes. El vértigo de Klopp no es desorden como lo acusan algunos. Es otro orden, diferente. Cuanto más vértigo, más imprecisión pero también menos orden en el oponente. Si puedes ordenar rápido tu juego directo, menos tiempo tendrá el contrario para ordenar su estructura defensiva. Significa algo así como "yo voy a ser algo desordenado para atacarte, pero vos también vas a ser algo desordenado para defenderme". Parafraseando a Dante Panzeri: "La táctica es el arte que enseña a poner en orden las cosas propias y en desorden las ajenas".

Acuerdo con usted. Cuando hay abuso de sistema es porque hay ausencia de ideas. Y no es cierto, desde mi punto de vista, que el "proceso creativo" ha quedado en segundo plano para los entrenadores, como escuché alguna vez. No ha quedado en segundo ni en ningún plano, porque ni siquiera es tenido en cuenta por muchos entrenadores. Al jugador de alto rendimiento hay veces que no se lo deja pensar, no se le permite crear. No hay mala voluntad. Hay una falsa noción de profesionalismo en el entrenador: debe entregar todas las respuestas y, si es posible, digeridas. Ello va atrofiando, poco a poco, el poder cognitivo/creativo del jugador. Facilitarlo todo es el peor consejo para un entrenador con un jugador, porque también es el peor consejo para un padre con un hijo. Y cuando aparezcan los problemas, ¿qué? Siempre tendremos que estar ahí para solucionarlos. Y si bien el entrenador siempre estará ahí, no siempre podrá. El proceso creativo requiere de una dosis diaria de incentivación, retos, desafíos, problemas, motivación. Se planifican las cargas de incentivo creativo de la misma forma que se planifica cualquier otro tipo de carga. Hay todavía un desconocimiento muy grande respecto de "creatividad y fútbol". Un desconocimiento que lo único que hace es repetir viejas ideas que asocian la creatividad y el desempeño de jugadores como Messi. Eso apenas es un 1% de lo que significa creatividad en fútbol y de lo que se puede entrenar en fútbol. Ese viejo mito limita la construcción de nuevos paradigmas. La creatividad puede ser entrenada en todos los jugadores, todos los días, sin que ello redunde en una carga extra a los jugadores. Una planificación que no contempla el entrenamiento de la creatividad es una mala planificación. Inacabada. Exigua. Miope. Antigua. Pero no solo es una mala planificación. Es, además, una decisión estratégica incorrecta no contemplarla. Cuando entrenamos a un jugador también en creatividad, ese jugador puede hacer "todo lo que le pedimos en el partido" (indicaciones y orientaciones previas al juego), pero también todo lo que no "llegamos a pedirle porque no supimos que había que pedírselo" (lo que surge de la espontaneidad del juego). ¿Por qué la mayoría de los entrenadores no trabajan la creatividad con sus jugadores? La respuesta es muy simple: porque tampoco la trabajan con ellos. Nadie puede enseñar lo que desconoce.

CM: "En los equipos que marcan en zona, cuando se dispone de la pelota es el momento en que los de la última línea marcan al hombre. Lo digo porque algunos entienden que como se marca en zona, al perder la pelota, cada uno de los defensores ocupa su lugarcito. Y así le damos tiempo y espacio al rival para que ordene el contraataque. Pero si los hombres que no participaban en la acción anterior estaban marcados estrechamente, cuando los contrarios recuperen la pelota, no tendrán la salida clara porque los de atrás serán presionados y los de adelante marcados hombre a hombre".

GC: ¡Vigilancias defensivas!

CM: "¡El entrenador debe prepararse, intensamente, para trabajar a su equipo en posesión de la pelota. En la recuperación no hay más que cuatro o cinco variantes. Marco en zona, marco al hombre, el *pressing* más arriba, más atrás, espero, hago hombre en zona; es decir, no hay mucho para inventar. No hay vuelo creativo en la recuperación. En lo otro sí, hay un campo enorme para trabajar, para inventar, para crear junto con los jugadores".

GC: Marcelo Bielsa ha expresado algunos pensamientos que corren en sintonía con el suyo. Elijo dos:

1. "La próxima revolución del fútbol será sobre el aspecto ofensivo. La creatividad puede evolucionar pero lo defensivo, ya no".
2. Yo miro videos para atacar, no para defender. ¿Sabés cuál es mi fútbol defensivo? "Corremos todos". El trabajo de destrucción tiene cinco o seis pautas y chau, se llega al límite. El fútbol ofensivo es infinito, interminable".

CM: "Hay que decirle al jugador que el pase gol nace solo, jugando. No se busca, aparece. Son pases sorpresa. Porque si lo busco, aviso, alerto y, por lo tanto, no aparece. Hay que tocar, distraer... Hasta que surja la jugada de gol".

GC: Supongo que esto que usted dice está emparentado con el concepto de "paciencia". Y supongo que por ello mismo dice: "Antes de jugar a cualquier cosa es preferible seguir reteniendo el balón".

CM: "A mí me ha pasado con el Barcelona contra la Real Sociedad, un equipo ultradefensivo que no sale de las proximidades de su área por más que se lo intente distraer".

GC: O sea, el famoso "*parking the bus*" (estacionar el autobús frente a la portería) que tanto se lo asocia a Mourinho, conviene dejar en claro que existió desde siempre.

CM: "El doble cinco (mediocentro) es una mentira. El supuesto equilibrio exige más jugadores de contención que creativos. La pelota se puede recuperar no por acumulación de efectivos sino desde la recuperación de espacios, como hacía la Holanda de Cruyff".

GC: Cuando fue entrenador de Racing de Avellaneda, Eduardo Coudet decía esto sobre los mediocentros: "Si necesito un cinco recuperador es porque no tengo la pelota. Yo quiero que mi equipo la tenga". Como todo, supongo que para algunos equipos les será imprescindible, como para otros les será innecesario. Todo parte de la concepción que se le quiera otorgar al juego. Siendo que el 4-4-2 para defenderse (más en línea que en rombo) es una táctica ampliamente desplegada en el mundo entero, la irrupción del doble cinco es generalizada. Pero podemos pensar formas que amiguen ambas propuestas. ¿Por qué no pensar, por ejemplo, en un doble cinco de jugadores de creación? Garantizamos la ocupación de espacios (como pide usted) y una buena dosis de construcción de juego. De esa forma el equilibrio viene más por espacios (como usted pregona) que por jugadores (como suele verse). El fútbol admite muchas miradas, distintas y válidas a la vez: porque vemos a un doble cinco como jugadores de equilibrio para la marca y el otro doble cinco como equilibrio para el juego ofensivo. Desde mi punto de vista, de nada sirve un doble cinco defensivo si el resto de los que hicieron la excursión ofensiva no realizan su tarea (por lo cual el equilibrio defensivo nace en el delantero centro que, con su tarea, ordena y fomenta las tareas del resto de sus compañeros). Y de nada sirve el doble cinco de creación si el resto de los compañeros no acompaña la excursión ofensiva en espacios e ideas (por lo cual el equilibrio ofensivo nace desde el portero o desde el primer defensor). No es casualidad que diga "donde nace" el equilibrio, no importa si es defensivo u ofensivo y no diga "quien lo hace", porque hacerlo siempre será una tarea de todos. Es muy poco eficiente entregar la tarea del "equilibrio" defensivo a una sola persona, porque si la participación del resto es escasa, nunca podrá hacerlo por mejor que sea para esa tarea; y si la participación es total, su tarea será casi irrelevante porque ya el resto del equipo simplificó todo. Además, esperar a que un "doble cinco" nos entregue equilibrio, es obsequiar tiempo al oponente. ¿Para qué esperar que llegue a él, si podemos iniciarlo mucho antes que llegue a él? Vale lo mismo para el equilibrio ofensivo.

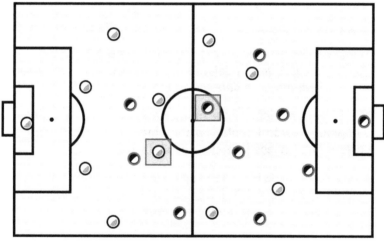

Equilibrio defensivo desde el concepto "jugador". © Efficiency Match

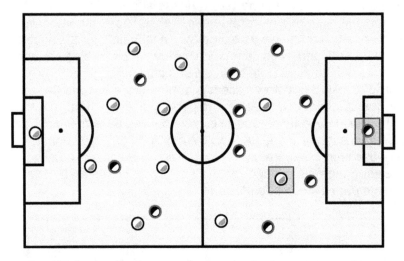

Equilibrio desde el concepto "equipo": el portero comienza a equilibrar el ataque y el delantero más avanzado comienza a equilibrar la defensa. © Efficiency Match

CM: "El portero debe tener como base elasticidad, agilidad y coordinación neuromuscular. La combinación perfecta sería la de un portero que tuviese lo mejor de Fillol y de Gatti".

GC: Claro, si uno es Fillol debe ejercitarse a lo Gatti. Y si es Gatti, deberá ejercitarse a lo Fillol. De esa forma, tomando lo mejor del otro, nos mejoramos a nosotros mismos.

Aprovecho que toca el tema "portero" para ver el tema "entrenamiento de porteros". Veo con satisfacción, pero a la vez con preocupación, la moda en la cual los porteros entrenan en situaciones de imprevisibilidad de donde llegará el balón, mejorando así sus reflejos. Son todos esos ejercicios en los cuales se hacen rebotar balones en superficies irregulares que desvían las trayectorias en direcciones inesperadas: vallas acostadas (como hacía el Monaco, por ejemplo), distintas superficies redondeadas (como hace el Bologna, por ejemplo), tubos donde las pelotas salen en cualquier dirección, hasta remates que pasan por una superficie plástica mojada por lo cual el balón sale impelido con una velocidad diferente a la inicial. Además de ellos, combinaciones de ambos: cambios de dirección y de velocidad. Son ejercicios muy buenos para la reacción (por eso me gustan tanto), pero bastante malos para la interpretación (por eso son insuficientes).

Los porteros deben saber interpretar los desplazamientos de un jugador (porque, generalmente, de acuerdo a ciertas trayectorias se producen determinados remates); además de poder interpretar, en función de cómo se proyecta esa pierna (y ese pie), a dónde irá el balón. Por último, también debe interpretar de acuerdo a todos los compañeros/oponentes que se encuentren entre el rematador y él. En los anteriores ejercicios, el cerebro responde instintivamente, el portero se pone bien reactivo ante cambios aleatorios. ¡Y eso está muy bien! Con estos ejercicios que mostraré a continuación, el cerebro responde cognitivamente instintivo. Es decir, de tanto interpretar lo que va a suceder, el portero se vuelve instintivo en cada situación donde tiene oponentes al remate. No es lo mismo, ni siquiera parecido.

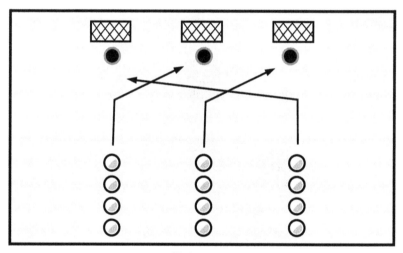

© *Efficiency Match*

Los tres jugadores con balón deciden, antes de iniciar la conducción, donde rematará cada uno (tiene que haber un remate a cada portería y todos de forma simultánea). Luego de una corta conducción rematan a las porterías preestablecidas. Los porteros deben prestar atención a los tres rematadores a la vez, para "recolectar información" que les permita anticipar quien será de los tres el que les remate. Si aciertan será muy bueno porque significará que reconocieron patrones técnicos. Si no aciertan también será bueno, porque deberán reaccionar de forma instantánea a un balón para el cual no estaban preparados.

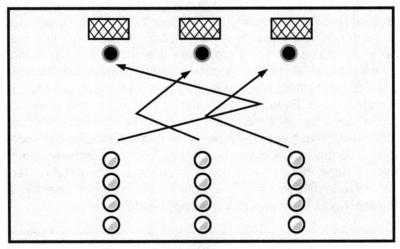

© Efficiency Match

En el segundo ejercicio agregamos un elemento más a la incertidumbre: la conducción del balón en distintas direcciones con cruces entre jugadores, etc. No olvidar que el remate de los tres debe ser en simultáneo.

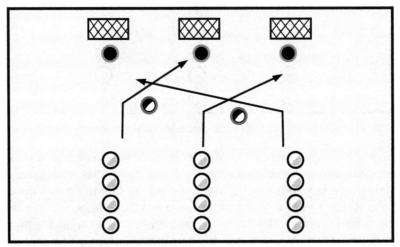

© Efficiency Match

En el tercer ejercicio agregamos la tarea defensiva (primero un defensor, luego dos) que, sin llegar a impedir que se produzcan los remates, llevarán a los jugadores a disuadir determinados remates y favorecer otros. La cognición se eleva en cada uno de los ejercicios.

En síntesis, el entrenamiento de la reacción siempre está muy bien, ocurre que está mucho mejor si la reacción es "cognitiva e interpretativa".

Además, cada tanto, deberían entrenar como porteros de handball (Gallese, el portero de Perú, achica con técnica de portero de handball), de hockey... Como líberos de vóleibol y cualquier acción donde reciba un proyectil a una velocidad igual o superior al balón de fútbol. Como complemento deberían entrenar (también cada tanto, como un plus enriquecedor) bloquear remates de vóleibol o tomar rebotes de básquet. Ambas situaciones no buscan tanto la protección de la portería, como sí entender situaciones temporo-espaciales en las cuales el balón se mueve por el aire (como los centros aéreos en fútbol). Si bien carecen de especificidad, enriquecen la generalidad, punto de partida para mejorar la especificidad (cuanto de más niños se ejerciten estas tareas, más dotados llegarán a las divisiones mayores).

> "Menotti fue para el fútbol argentino el responsable de que la selección haya entrado seriamente en la competencia internacional"
> (Enrique Macaya Márquez, periodista y comentarista deportivo)

CM: "Un mismo equipo recibirá menos goles marcando en zona que haciendo persecución. Si los jugadores están acostumbrados a perseguir —como a mí me pasó en el Barcelona— lo único que necesitás es tiempo. En ese caso no puede pretenderse que al tercer partido, la marcación zonal funcione a la perfección. Pero con el desarrollo del trabajo, el equipo recibirá menos goles y con mucho menos desgaste físico. El porqué es fácil de responder, porque se defiende mejor el espacio donde se define la jugada. En el hombre a hombre se marca en espacios de distracción, de gestación".

GC: En este fútbol moderno veo persecuciones individuales sofocantes. Sin embargo, quizá por haber sido tantos años entrenador de balonmano, yo siento lo mismo que usted: las defensas zonales siempre me ofrecieron mejores resultados que las defensas individuales. Es más, muchas veces se recurre, al menos en balonmano, a las defensas individuales cuando es necesario apresurar determinados tiempos para recortar la diferencia en el resultado. ¿Y sabe qué? No resulta nunca. Al contrario, el oponente encuentra más espacio y más facilidades para desbordar a través del desmarque basado en distracción, tanto como el espacio ampliado para ganar en situaciones de uno *versus* uno.

CM: "El jugador puede crear, inventar, resolver con mayor facilidad, dentro de un orden que defina el cumplimiento de las obligaciones. Las obligaciones no son para mecanizarlo ni para limitarlo. Al contrario, son para liberarlo".

GC: Marcelo Bielsa, al respecto, decía: "Odio la mecanización porque elimina responsabilidades. Yo quiero equipos ordenados y no mecanizados". También Tite, entrenador de Brasil: "La organización sin creatividad es monótona".

El problema no es solo de orden, obligaciones, mecanización, creatividad, desorden, automatismos. ¿Es un problema el qué? Sí. Pero también es un problema el cómo. ¿Cómo conjugar esas variables en el combo defensa/ataque que ya todos sabemos que es indivisible porque se afectan mutuamente?

Por ejemplo, los automatismos. Son "buenos" y "malos" a la vez. Bueno porque ahorra tiempo. Malo porque, en ciertas ocasiones, no discrimina. Por "culpa de un automatismo de salida" (entrenados en forma de rutas de pase estereotipadas), se ofrecen muchas oportunidades a los equipos que tienen analizados esos automatismos y le tienden ciertas trampas. Los automatismos hacen tomar decisiones más rápidas, pero no necesariamente hacen jugadores más inteligentes.

A veces hay que aceptar que para tener un desorden organizado en ataque, es condición tolerar un cierto desorden defensivo. Y viceversa. Si quieres mucho orden defensivo, has de aceptar que costará un poco más obtener desorden ofensivo. Es que, el orden defensivo es el punto de partida del desorden ofensivo y el desorden ofensivo es punto de inicio del orden defensivo. Fue muy sabio Tim cuando sentenció aquello de "el fútbol es una manta corta".

Yo creo que hay tres tipos de órdenes. Primero, el orden que propicia el orden y más orden. El orden como mandato obligatorio donde el "protocolo" de lo que hay que hacer es la máxima ley. Segundo, la espontaneidad, como un orden del caos, "las cosas se ordenan solas" y el único protocolo a seguir es la intuición. Una especie de fútbol "*laisse faire*". Y tercero, el orden que favorece creatividad. Lo que muchos entrenadores han logrado es que conviva un orden subyacente y que sea ese orden de todos lo que permita la espontaneidad de algunos.

CM: "Los italianos no es que defiendan bien, es que defienden con muchos".

GC: Pareciera que la abundancia defensiva aumenta la eficacia para evitar goles en proporción mayor que la abundancia ofensiva para concretarlos. No hay evidencia científica, apenas una observación empírica.

CM: "A mí me gusta mucho Klose, el alemán, que juega, toca, cabecea... O Drogba, un tipo más duro. Pero depende del fútbol que quieras hacer. Si tenés a Palermo y nadie tira centros, jugarás con diez".

GC: La frase "si tenés a Palermo y nadie tira centros jugarás con diez" es antológica. Porque parte de una premisa fundamental. Se juega a partir de lo que se tiene y se agrega a partir de lo que falta.

CM: "Napoleón no era un táctico, sino un estratega. Si tenía que cambiar, cambiaba. Eso vale para el fútbol también".

GC: Eso es lo que le cuesta tanto a Bielsa. No lo digo yo. Lo ha dicho el mismo Bielsa. Basándose en esa cierta inflexibilidad es que ha fundamentado que Sampaoli es mejor entrenador que él. Y es válido el ejemplo de Napoleón. Hay un punto en el cual el convencimiento sobre una idea termina convirtiéndose en capricho. Si fuese un juego sin oponentes uno podría pensar que no es necesario cambiar para obtener un objetivo. Pero la presencia del oponente, con sus ideas y propuestas, puede alterar las nuestras. Y no hay demérito en el cambio. Hay mérito de entender que lo que estoy haciendo, al menos por un momento, no está sirviendo y es necesario entregar otras propuestas y diferentes respuestas. Nada impide que pronto se vuelva a lo que se estaba haciendo antes. No es lo mismo convencimiento que capricho. Está tan mal la ausencia de lo primero como la aparición de lo segundo. Es decir, está muy mal cambiar ante el primer escollo (significa que lo que se pregonaba como convicción era en verdad, una convicción de palabrerío más que de hechos) tanto como sostener "convicciones" hasta límites extremos, que lo único que hacen es provocar un suicidio colectivo.

Hay dos formas de cambiar. Cambiar cuando es evidente que algo no funciona. Cambiar antes que decaiga su funcionamiento (o apenas se percibe una declinación). Debemos pensar en formas proactivas de cambiar tácticamente, abandonar la solución antes que se transforme en problema, suspender la seguridad antes que devenga en inestabilidad, abandonar la certeza antes que el rival logre adaptarse a esta. Algo así hizo la empresa Apple cuando dominaba el mundo de los reproductores de música con su iPod y, en pleno auge, decidió "matarlo" e incorporar la función de música como un accesorio más del iPhone. Algo así como lo señala el entrenador Asier Garitano (cosa que también han hecho Pep Guardiola o Marcelo Gallardo, por ejemplo): "Lo que intento es poner en práctica, en el mismo partido, distintos modelos de juego". Algo así como lo que dice el entrenador Vladimir Petković: "La tendencia de los grandes equipos es cada vez más en la dirección de un juego activo, acción en lugar de reacción". Si hay una persona leída y estudiada en el ámbito de la estrategia y la táctica de guerra es Sun Tzu. Lo han leído desde empresarios (en la lucha por la competencia) hasta políticos (en la lucha por el poder) y entrenadores (en la lucha por la victoria). Sun Tzu aconsejaba: "No repitas las tácticas con las que has ganado una victoria, sino deja que tus métodos sean regulados por la infinita variedad de circunstancias". Transformar antes que te transformen. Cambiar antes que te cambien. Innovar porque quisiste, y no porque otros innoven y con sus resultados te obliguen a innovar.

CM: "Diarra como jugador de contención delante de la defensa de cuatro, claro. Pedirle al chico este que juegue de Guti es como pedirme a mí que toque como Paco de Lucía. Son jugadores diferentes. ¿Pueden jugar juntos Guti y él? Probablemente, sí".

GC: A un futbolista se le puede exigir superación. Es más, se le debe exigir. Pero lo que nunca puede hacerse es obligarle a hacer cosas que la naturaleza diseñó para que no haga. Una vez más, el trabajo constante acercará un poco más (si es mucho) o menos (si es poco) a Guti. Pero Guti es Guti ¿o a cuántos vieron dar una asistencia de taco hacia atrás estando con el portero delante?

> "Tengo muy buenos recuerdos de Menotti, fue un entrenador que nos llevaba fantástico"
> (Bernd Schuster, exjugador)

CM: "A Gago lo llevaron en una cifra tan millonaria que a veces se espera que resuelva todos los problemas en dos jugadas. Y ha llegado en un momento de aprendizaje. Técnicamente es bueno, sabe jugar y la experiencia lo pondrá en su lugar correcto. Él, además, es un jugador para jugar solo en el mediocentro. Si lo comparte, se desacomoda. Como Higuaín. Está lleno de condiciones, pero la obligación no le deja progresar".

GC: Las condiciones naturales no deberían, per se, ser anuladas por las obligaciones. Al contrario, las obligaciones, las dificultades y las expectativas son el contexto real sobre el cual el futbolista debe transformar sus condiciones visibles en rendimiento tangible. Cuando uno dice "condiciones" está diciendo "talento para algo". Y el talento para que sea acto, se expresa en las situaciones de dificultad real. Es muy interesante lo que usted sabe distinguir como "momentos de aprendizaje". Un contexto de aprendizaje no significa contexto de no rendimiento, significa que puede esperarse un rendimiento diferido o una progresión ascendente de él. No todos los clubes tienen esa paciencia, no todos los entrenadores pueden distinguir esos contextos.

CM: "Ser valiente es sacar un balón hacia atrás, por más que silben 100 000 espectadores, si de esa forma yo aseguro la pelota y busco la jugada".

GC: Llevó mucho tiempo entender esto. Pero creo que hoy está entendido. El balón ya no es objeto de desprecio por nadie. Ni siquiera por aquellos que referencian más el juego en relación al espacio que al balón. Ni siquiera. Porque todos, con sus decisiones tácticas, necesariamente precisan armonizar balón y espacio.

Jugar hacia atrás para atraer e intentar superar la primera línea de presión para luego atacar en espacios amplios y con alguna superioridad numérica conseguida. Y da gusto ver con qué maestría se ejecuta.

CM: "Los que corren y luchan no crean que no deben pensar, y los que piensan no supongan que a ellos no les toca correr. Casi siempre los que son muy talentosos suponen que no deben trabajar, y los que luchan y corren creen que ellos no tienen que pensar. Precisamente es así como se empiezan a esquematizar los equipos".

GC: Imagino que esta frase viene a suplantar aquella anécdota que supo contar: "Una vez, jugando en Boca, contra Banfield, nos quedamos con diez y Rattín se me acercó: "¡Flaco, bajá a ayudar, corré!". Y le contesté: "Lo único que falta, que yo tenga que bajar a correr, corré vos".

Además, esa primer frase me hace acordar a un párrafo de mi libro *Parking the bus*, titulado "Épocas confusas". Dice así: "Vivimos épocas donde los "defensores" (aunque hoy en día defienden todos) y los "delanteros" (aunque hoy en día atacan todos) están confundidos. A los defensores ya no se les pide más que sean recios y que con recuperar el balón para dárselo a un compañero alcanza. Se les pide que jueguen mucho y que además sean iniciadores del juego cerca de su portería (cuando el equipo contrario realiza presión alta) tanto como lejos de su portería (cuando el equipo contrario realiza bloque bajo). En el primer caso se exponen a que, ante una pérdida, el equipo contrario cobre gol casi con inmediatez. En el segundo caso se exponen, ante una pérdida, a situaciones de contraataque 1x1 y 1x2 en espacios amplios (y en total desventaja motora, ya que los delanteros corren de frente mientras a ellos los encuentran de espaldas a su portería). Los defensores ya nunca más serán lo que fueron y hasta que las nuevas pedagogías, didácticas y metodologías de fútbol formativo no nos entreguen jugadores formados para esto, los "defensores" seguirán sufriendo estas épocas de cambio.

Lo mismo, pero al revés, ocurre con los delanteros. Ya no pueden ser meros espectadores del esfuerzo de sus compañeros. El concepto "dar una mano en defensa" que se utilizaba para los delanteros, no aplica más. Dar una mano parece un concepto de caridad. No hay esforzados y caritativos, tampoco beneficencia.

Todos defienden con igual esfuerzo e intensidad porque todos son parte de lo mismo: un equipo.

CM: "Cuando voy es porque vengo y cuando vengo es porque voy".

GC: Usted lo explicó muy bien luego de ganar el Mundial en 1978, en una serie de microprogramas didácticos que se emitían por televisión, donde enseñaba algunos de sus secretos. En uno de ellos contó: "Cuando voy es porque vengo y cuando vengo es porque voy". ¿Qué significa esa frase de un aparente sinsentido? Un truco consensuado para que los jugadores recibieran la pelota lejos de la marca. ¿En qué consistía? Cuando un jugador quería que su compañero le entregara un pase cortito y al pie, amagaba a alejarse (cuando voy es porque vengo...) y cuando quería que la pelota fuera lejos de su posición para ir velozmente a buscarla, amagaba a acercarse (cuando vengo es porque voy). El entrenador tiene la obligación de proporcionar señuelos y trampas irreconocibles al contrario, pero fácilmente entendible entre compañeros. Para ello se han de desarrollar lenguajes de comunicación simples (frases sencillas, gestos claros, miradas cómplices) que pongan en funcionamiento de manera rápida, eficaz y sorpresiva, acciones que desestabilicen al oponente. Ustedes crearon, en 1978, "cuando voy es porque vengo y cuando vengo es porque voy". Puede ser un punto de partida para los lectores para que inventen las suyas.

CM: "Otra virtud importante de la defensa en zona, es que los jugadores toman conciencia de que juegan contra un equipo y no contra un hombre, individualmente, como ocurre en las marcas personales. En este sistema es mucho más equitativo el reparto de los esfuerzos y los espacios los distribuimos nosotros, no los adversarios".

GC: Qué hermoso contraste. Mientras que todos entendemos más "proactiva" (por eso de "ir a buscar al jugador" en lugar de ir a ocupar un espacio) a las defensas individuales (especialmente cuando se hace presión alta) y más "reactivas" las defensas zonales, esto nos ofrece una perspectiva realmente opuesta: soy más "proactivo" porque en la defensa en zona soy yo quien determina el espacio de juego, mientras que en la persecución soy más "reactivo" porque dependo de los desplazamientos de mi oponente directo. Una vez más, no hay verdades absolutas. Todo depende de la óptica bajo la cual caiga el análisis.

CM: "Hay tres cosas fundamentales en el fútbol: tiempo, espacio y engaño".

GC: El tiempo y el espacio dependen de la comprensión y de la inteligencia. El engaño de la creatividad. De lo no-lineal. Por eso, el engaño tiene la propiedad de alterar el tiempo y el espacio. Luego de él, el tiempo ya no es el mismo y el espacio donde se dirime también ya es otro.

En la naturaleza la no-linealidad está en todas partes. Para la ciencia clásica esto era una excepción. Al contrario, la linealidad es la excepción. Esto se está aceptando en los últimos 30 años (teoría de los sistemas complejos). Lo que vale para la vida, vale también para el fútbol. Es decir, no existe un determinismo. No se puede anticipar por completo qué es lo que va a ocurrir. Hay que aceptar un espacio irreversible de incertidumbre. En los sistemas complejos no siempre a A le sigue B. Es más, muy pocas veces después de A ocurre B. Si existiera ese determinismo, los equipos de Primera División golearían siempre a un equipo de segunda o tercera categoría. Vale para la Copa Argentina, la FA Cup o la Copa del Rey. Sin embargo, en Argentina, Sarmiento de Chaco eliminó a Racing; en la FA Cup, Wigan a Manchester City; o en la Copa del Rey, aunque de Primera División, un humilde Leganés al Real Madrid. El fútbol, al igual que la ciencia, privilegió de forma ilusa variables como el orden, el determinismo, la regularidad, la estabilidad y la previsibilidad. Hoy, paradójicamente, con más datos que nunca (*big data*) sabemos que las variables están menos amarradas que siempre. Todas las proyecciones que hagamos en fútbol, aun las que se sustenten en millones de datos, son idealizaciones más o menos formadas. El determinismo, basado en un razonamiento lógico, hubiese dicho que tanto Racing, como Manchester City o Real Madrid tendrían que haber sido los ganadores. Porque todas las variables estaban a su favor. A saber: a) mayor calidad técnica; b) mayor profesionalismo; c) mejores infraestructuras de preparación; d) mejor competencia en la cual participaban; e) mejores jugadores; f) cuerpo técnico más completo. Si el determinismo fuera tal, los partidos no tendrían razón de ser en jugarse, Se resolverían en escritorios basados en análisis de variables y algoritmos inequívocos. El fútbol tiene sucesos aleatorios que provocan fluctuaciones en el estado del juego. Y ahí es donde se bifurca. En la bifurcación el juego toma un rumbo totalmente diferente al que parecía determinado e irreversible. En este punto, la capacidad de crear e innovar son las que ponen en aprietos a los que todavía creen en los sistemas estables y en causas-efectos de dudosa certidumbre. La creatividad y la innovación ponen en modo inestable el sistema (el juego).Inestable para quien lo recibe pero relativamente estable para quien lo provoca. No se puede evitar la no linealidad ni la complejidad, por lo cual todo equipo necesita cierto margen de autoorganización. Ese margen de autoorganización provee flexibilidad. Una flexibilidad que es adaptativa y rápida. Que entregará naturalmente más soluciones (confiar en el jugador) que cualquier teorización artificial.

CM: "En los tiros libres o faltas, también hay que tener algunas jugadas ensayadas, porque el fútbol es sorpresa y lo que sorprende hoy ya no lo hace mañana".

GC: Claro, Guardiola coincide con usted: "Lo que ayer servía, hoy ya no sirve". Y también Marcelo Bielsa: "Lo que en un momento del partido te sirve, al rato te deja de servir".

> *"Menotti fue uno de los que más me dejó. Me refleja en mi teoría futbolística de defenderme con la pelota"*
> (Ricardo La Volpe, exportero, exentrenador de la selección de México)

CM: "El jugador nunca debe estar en línea paralela a otro compañero. O atrás o adelante. En línea paralela significa una mala utilización de los espacios".

GC: Exacto. Por eso, muchos "doble cinco" fracasan. Triunfan en la parte defensiva, pero fracasan en la ofensiva. Estar en línea puede servir para defender, pero nunca para atacar. A veces vemos como ciertos equipos se marchitan ofensivamente, sin respuestas de asociación. Al no ordenarse en distintas alturas, la sociedad del doble cinco que está entregando buenos resultados en defensa, termina obturando la fluidez en ataque.

CM: "Quiero ganar porque mi equipo ha jugado mejor y no porque ha impedido jugar al contrario. El fútbol debe ser velocidad más precisión, con el agregado de la improvisación".

GC: Claro, hay veces que las razones del entrenador (que entiende qué debe hacerse en cada ocasión) chocan con el instinto de algunos jugadores. ¡Y ambos tienen razón! Uno por entender, el otro por crear. Uno por conocimiento, el otro por desparpajo. Hay una anécdota que cuenta el entrenador italiano Cesare Prandelli, que es muy ilustrativa: "En determinados momentos sí se puede ser algo anárquico en el juego. Le doy un ejemplo. Recuerdo que en un partido con el Parma, jugando en Piacenza, fue Adrian Mutu a recibir un balón en el centro del campo y de espaldas a la portería, con lo que le dije: 'juégala'. Pero en lugar de ello mantuvo el balón, aguantó el golpe, se giró, regateó al rival, voló hacia portería, regateó a dos más y terminó marcando un golazo. ¿Qué dice ahí uno? Yo corrí al campo y le abracé". Esos momentos coinciden con los que en creatividad llamamos "eureka", "sexto sentido", "sensaciones de tripa", "ajá", "gotcha", "decisiones instantáneas" y otras. Me da mucha gracia cuando dicen tuvo "chispazos de creatividad". ¿Qué otra cosa puede tener? Eso es la creatividad, chispazos.

Ya ve, no se trata solo de "pensar rápido" sino "originalmente rápido". "Pensar rápido" devolvía como producto un pase. Pensar "originalmente rápido" devolvió un gol. ¿Se da cuenta la diferencia? El cerebro, en esas situaciones, trabaja velozmente en una rápida revisión de situaciones específicas para ofrecernos una solución novedosa. Si enseñamos a jugar "correctamente", cualquier jugador en esa situación devolverá un pase. Si le enseñamos a jugar "correcta" pero también creativamente, podrá devolver un pase claro. Pero también podrá devolver un giro y un gol. Esas situaciones son como un trance para el futbolista. Apareció la inspiración. Es necesario dejarla fluir. La construcción cognitiva de la respuesta ha terminado y de forma original. Debe verse fluir en el campo. Se prendió la lamparita. Esos estados son como aquellos en los cuales hay un cosquilleo, una sudoración diferente. Hay algo que el cuerpo y la mente me dicen y me "obligan" a hacerlo. No podemos pedir el mismo pase de siempre ahí, por más que sea lo que aconseje el fútbol correcto y bien interpretado. Bajo ese concepto jamás se hubiese visto el "gol de Diego a los ingleses" (porque, al estar de espaldas, en lugar de girar con el balón, el "juego inteligente" pedía rebotar el balón). El delantero Lautaro Martínez, aún jugando para Racing, de forma contraintuitiva, y desafiando toda lógica (como Mutu), va en contra de los espacios libres y a favor de la densidad defensiva. Ocurre que, en esa densidad, una pierna no puede evitar cometer penal. De una decisión incorrecta se lleva un penal que el equipo transforma en gol. Permítame un juego de palabras aquí: "hay veces que las decisiones incorrectas son más correctas que cualquier decisión correcta". "Yo siempre tengo una jugada más, una tercera opción. Una es las que vos pensás, otra la que espera el rival y una tercera inesperada", decía Iniesta. Hay que burlar al portero, ir contra la lógica", afirmaba el delantero Sebastián Washington Abreu. ¿Cómo le dicen a Abreu? ¿El lógico Abreu? Para nada. Por algo es el Loco Abreu.

Retomando, jugar mejor también es una forma de impedir jugar al contrario, e impedir jugar al contrario es también una forma de jugar mejor. Hay en este punto como tres escuelas diferenciadas:

1. Aquellos que solo se imponen a través de las propias fortalezas, son quienes se concentran solo en sí mismos y tienden a menospreciar las potencialidades del oponente. Creen que cuanto más se habla del contrario, más se debilitan las potencialidades propias (entre ellas las mentales). No importa quién esté por delante, ese equipo juega siempre a lo mismo.
2. Están aquellos por los cuales el oponente es obsesión y foco. El trabajo será bloquear y obturar todo aquello que el contrario sepa hacer bien. Su forma de jugar es no permitir jugar.
3. Finalmente están aquellos que conservan un armonioso equilibrio. Detectan sobre cuáles variables del contrario deberán ser obturadas pero descansan sobre sus potencialidades.
4. Personalmente (cuando entrené físicamente equipos de fútbol o tácticamente equipos de handball) adscribo a una cuarta escuela, bastante más radical, obsesiva, idealista y exigente. Hay que saber todo del oponente y bloquear

hasta la más mínima expresión ofensiva cuando se defiende, y expresar todos los medios tácticos ofensivos y las técnicas más efectivas a una altísima velocidad física y cognitiva cuando mi equipo ataca. Quizá sea una escuela a lo Holanda del 74 o a lo Sacchi de los 80. Definitivamente creo que la mejor forma es la que incluye todas las formas.

Finalmente, usted habla del valor de la improvisación. Y yo quiero rescatarlo muy especialmente. Fue Darwin quien dijo que en la historia de la humanidad (y las especies animales) fueron los que aprendieron a improvisar con eficacia quienes han prevalecido. El imprevisto requiere de la improvisación para resolver efectivamente. Si hubiese sido previsto, no revestiría el carácter de improvisación. Y ante un imprevisto en el juego, un técnico no puede detenerlo y proyectar una sesión de entrenamiento para que luego los jugadores cercenen el impacto del imprevisto. Simplemente es necesaria la creatividad aplicada en el fútbol de todos los intérpretes (en el banco y en el césped) para improvisar eficazmente una respuesta. "En el fútbol, a veces, los planes mejor pensados no funcionan y hay que improvisar", decía Sir Alex Ferguson. La improvisación es hija de la creatividad. Hay una subestimación generalizada sobre la improvisación. Pero es una improvisación prejuiciosa porque nace de una comparación con la planificación, en lugar de unirla al conocimiento. La improvisación es en realidad la puesta en juego de conocimientos (o una mezcla creativa de ellos) de un entrenador (y también de un jugador) en una situación que no fue posible anticipar. Se improvisa en base al conocimiento, a la experiencia. Es que cuanto más sabes, más puedes planificar pero también más puedes improvisar. No se improvisa en base a la nada.

La creatividad en el fútbol es una creatividad cercana a la improvisación (porque el juego demanda la solución ahora) y cercana a la estrategia (porque puede pensarse con anticipación). Recorren distintos circuitos cerebrales porque hay ideas que nacen desde el razonamiento y otras desde la urgencia. En el razonamiento se produce una activación de la corteza prefrontal dorsolateral; mientras que en la improvisación hay activación en el área de Broca y la desactivación de la corteza prefrontal dorsolateral, acciones neurales asociadas al ingreso en el llamado "estado de flujo". Podemos definir tres tiempos en el aporte creativo:

1) el ahora y la improvisación creativa (la cancha y el partido); 2) la dilación a corto plazo, esperar a un entretiempo, por ejemplo (el vestuario); y 3) la dilación estratégica que requiere consenso y estudio (la semana y el entrenamiento).

Aceptar el valor de la improvisación está relacionado con esa necesaria humildad para comprender que no todo se puede planificar. Y a su vez, entender que ello ocurre, por eso que yo llamo "los cuatro peldaños de la imposibilidad": primero, la imposibilidad de prever todas las causas-efecto que ocurren en un juego (imaginación); segundo, idear las soluciones correctas (creación); tercero, entrenar cada una de ellas (tiempo de ensayo); y cuarto, implementarlas con éxito (acción).

ACCIÓN	Imposibilidad de implementar todas las soluciones con éxito.
TIEMPO DE ENSAYO	Imposibilidad de entrenar todas las soluciones.
CREACIÓN	Imposibilidad de idear todas las soluciones correctas.
IMAGINACIÓN	Imposibilidad de prever todas las causas-efecto en un partido.

El que sabe improvisar, nunca podrá ser considerado un improvisado.

CM: "Vamos a suponer que un equipo de fútbol es una tropa comando. El jefe de la tropa es el director técnico y lo primero que tiene que lograr es preparar a los soldados. Si vos sos un tipo que tirás con pistola, no te voy a dar una granada. Si corrés ligero, te pongo en un lugar. Si sos gordo, te pongo de cocinero, qué sé yo... El entrenador, de acuerdo con la idea que tiene y los jugadores que tiene, debe marcar obligaciones y posibilidades. Las obligaciones son las que el entrenador plantea en una charla a los futbolistas y las posibilidades se descubren juntos. A veces vos pensás que un lateral puede estar limitado a ciertos aspectos, cumple con las obligaciones pero de pronto el tipo empieza a tener otras cosas: sube bien, encuentra fácil las sociedades con ciertos compañeros y así va creciendo. El fútbol, como decía Borges, es orden y aventura. Es como una orquesta. Si aparece un solista tocando el violín, cuando termina ese solo, que es el permitido que le da la orquesta, tiene que volver al sonido de la orquesta. Si se pasa todo el día haciendo solos no tenemos sonido".

GC: Nada que agregar.

CAPÍTULO 2
LIDERAZGO Y MOTIVACIÓN

> "Yo opino que Menotti en fútbol es como Marx en filosofía o Freud en psicología"
> (Ángel Cappa, entrenador)

CM: "Miremos a la tribuna. Nosotros jugamos para quienes están ahí. Defendamos un estilo, sin trampas, sin mentiras, con dignidad, jugando por una historia que hoy nos pertenece: nuestro fútbol".

GC: Palabras expresadas a los jugadores antes de la final del Mundial 1978. Soy un convencido que la oratoria es un recurso indispensable para un entrenador (herramienta que a usted no le falta y por ello, además de lo "táctico", siempre fue un gran "motivador"). Y si la oratoria es creativa, mejor. Y si provoca emocionalidad positiva (lo "agranda") en el jugador, mucho mejor. La oratoria es un arte que se basa en el buen hablar, pero antes en el buen pensar. Y no hay un buen pensar, sin un buen leer. Inevitablemente uno te va llevando hacia el otro. Y cuando digo "buen leer" no me refiero solo a Sócrates o Aristóteles (que también puede serlo). Me refiero a lecturas de todo tipo, que incrementen la cultura general, que nos permitan hablarle a los jugadores de fútbol, pero también de muchas otras cosas que parece que no tienen nada que ver con el fútbol; pero que, buceando más profundo, nos damos cuenta de que todo tiene que ver con todo.

CM: "El entrenador debe tener a mano una pregunta: ¿por qué no? Cuando viene un dirigente y cuestiona por qué juega fulano de lateral, yo le contesto con esa pregunta: ¿y por qué no? Primero me tienen que explicar por qué no puede jugar y, si empiezan los titubeos, entonces le digo, ¿ve?, ¿se da cuenta?, no tendría que haber preguntado eso".

GC: Vale para el fútbol, vale para la vida: no explicar nada hasta que puedan fundamentarte porque debes explicarlo. Porque siempre habrá gente que te cuestione solo por el hecho de intentar superar su complejo de inferioridad: cuestionándote, tienen la falsa ilusión de creerse superiores.

CM: "'No hay titulares ni suplentes', es una gran mentira. Mi equipo tiene once titulares siempre. A veces cuesta más, otras menos, encontrar al titular en algún puesto pero cuando completo el equipo, son titulares a muerte. Yo jamás reemplazo a un jugador porque se perdió un partido o porque se lesionó. La titularidad no se pierde fuera del campo, se pierde dentro de la cancha, jugando".

GC: Muy interesante.

CM: "Cada uno de nosotros tenía una consigna al entrar al campo el día de la final: mirar a la gente. No vamos a mirar al palco para saludar, les dije a los jugadores, vamos a mirar hacia arriba, a toda esa gente, donde puede estar el padre de cada uno de ustedes, porque ahí están los metalúrgicos, los panaderos, los carniceros y los taxistas".

GC: Esta frase no se puede apreciar en toda su dimensión (sobre todo emocional) si no aclaramos y contextualizamos que "el palco" incluía a los militares que gobernaban la Argentina en ese momento. Una frase que tiene componentes de rebeldía (al poder de turno) y foco (clase obrera) a la vez.

CM: "¿Fuertes? No digas bobadas, si a cualquiera de esos rubios lo llevamos a la casa donde usted creció, a los tres días lo sacan en camilla. Fuerte es usted que sobrevivió a toda esa pobreza y juega al fútbol diez mil veces mejor que esos tipos".

GC: Impresionante, veloz, intuitiva (¡y además muy cierta!) respuesta que usted le dio a ese jugador que estaba intimidado por el supuesto poderío físico alemán. Desde la retórica ficticia nadie convence. El jugador se da cuenta que le "engañan". Y aunque le guste un poco ello, se da cuenta. Esto se trata de convencer desde un argumento real. Y nada más real que un contexto duro de la infancia con el cual le tocó crecer y hacerse hombre a un futbolista.

CM: "El entrenador tiene la obligación de no valerse de los antecedentes negativos de los jugadores y sí de los positivos. Los antecedentes negativos de un jugador de Primera División están motivados por las circunstancias: malos entrenadores, mal equipo, elección de un puesto equivocado. Hay que descubrirle al jugador el aspecto positivo. Cada vez que voy a un equipo pienso que si los jugadores que me dieron llegaron a Primera, tienen que saber jugar al fútbol. No me interesa si alguno fracasó o si no es figura. Si está ahí por algo será y es mi tarea descubrirle las posibilidades".

GC: Pensamiento positivo, mentalidad de crecimiento, vaso medio lleno. Llamémoslo como cada uno quiera, pero abracemos este hermoso mensaje.

Es bastante habitual que al llegar a un equipo, el entrenador ya tenga decidido de antemano qué jugadores lo acompañarán en el proceso y cuáles no continuarán. Y es posible que tome alguna de estas decisiones, solo por lo que ha visto en la televisión o enfrentamientos que han tenido en el campo.

Me quedo con la anécdota que leí alguna vez (y como no quiero equivocarme, creo que se trata de Ranieri cuando asumió en Leicester finalmente campeón de Premier League 2016). Resulta, pues, que el entrenador en sus primeras dos semanas lo único que realizó fue fútbol. Se tomó el tiempo y el trabajo de observar a cada uno de los jugadores para que sean ellos con su rendimiento y aptitud, y no él (el entrenador) con su prejuicio que dejara afuera un jugador de la plantilla.

Me parece una lección de liderazgo inspirador que tiene bastante coincidencia con lo que usted menciona en la frase.

> *"Menotti fue un referente Mundial"*
> (Roberto Marcos Saporiti, exjugador, asistente técnico del Mundial 78, entrenador)

CM: "La alegría es haber logrado, con un grupo de jugadores, que se hagan realidad mis convicciones futbolísticas, no en forma impuesta sino compartidas por todos ellos (palabras en relación a Huracán campeón 1973)".

GC: Vivimos en épocas donde cierta horizontalidad compartida ha sido el antídoto ante tanta verticalidad exigida. Hoy al jugador no se le impone. Se lo convence. No se le obliga. Se lo seduce. Se lo inspira. Es probable que el camino del convencimiento, la seducción y la inspiración sea más largo que el de la obligación y la imposición. Al ser más largo, exige más habilidades de liderazgo como empatía y creatividad, por ejemplo. Pero un liderazgo que encarne cierta horizontalidad tendrá las bases más firmes para desarrollar una verdadera construcción colectiva.

CM: "Somos 80 000 contra once. ¿Lo vamos a perder?".

GC: La frase exacta para el momento exacto. El momento antes de iniciar el tiempo suplementario en la final de 1978 contra Holanda. Passarella reconoció: "Fue el shock que necesitaba el equipo. Salimos convencidos y ganamos el título". La motivación tiene su "tempo" justo. Antes puede ser demasiado temprano (un día antes), después puede ser tarde (en el vestuario luego del partido).

CM: "No se corrige al jugador sumando horas, se lo mejora trabajando mejor".

GC: Otra de los tantos enfrentamientos ideológicos en el fútbol. ¿Cantidad o calidad? Pues ¡calidad en la cantidad! ¿Cuánta cantidad? La mínima que asegure una mejora. La máxima que no deteriore el progreso. En la diagramación de los entrenamientos, las teorías clásicas de entrenamiento mencionaban como factores básicos a tener en cuenta mensurar el volumen, la intensidad, la pausa, la distancia (visto acá como esfuerzo o carga) y la densidad. El equilibrio (fisiológico, psicológico y neurológico) de todas esas variables es lo que garantiza que las "correcciones" reporten los beneficios buscados.

CM: "No hay nada más importante que generar un clima de felicidad en el esfuerzo para estar mejor físicamente; y en ese clima de felicidad, el esfuerzo se hace más llevadero, da más ilusión y sirve más cuando son ensayos de la idea de juego".

GC: En alguno de mis libros anteriores he abordado, largamente, el tema de la felicidad en el futbolista y su equipo. Acá recordaré solo algunas pequeñas cosas.

En un futuro cercano cada vez más los equipos se acercarán a las nuevas oleadas y tendencias de motivación empresarial. Muy pronto los equipos, al igual que lo están haciendo las corporaciones, medirán el índice de felicidad de sus futbolistas, teniendo esta herramienta un gran valor de diagnóstico acerca del nivel de motivación, compromiso y pertenencia del futbolista. Se sabe que las personas felices con lo que hacen, permanecen el doble de tiempo en sus tareas, tienen un 65% más de energía y su vinculación a la empresa (en este caso club) es mayor, según un estudio del iOpener Institute de Oxford. Esto será así ya que las estadísticas no favorecen a los futbolistas. Un estudio dirigido por Vincent Gouttebarge, médico del Sindicato Mundial de Futbolistas y catedrático asociado de la Universidad de Medicina de Ámsterdam, encontró que los jugadores profesionales sufren más depresión y ansiedad que el resto de la población e incluso que otros atletas de élite.

La felicidad se logra con individuos creativos y desafiados, capaces y curiosos, con pertenencia e insatisfechos. *Ya lo dijo el filósofo prusiano Immanuel Kant: "La felicidad no brota de la razón sino de la imaginación"*. Sonja Lyubormirsky, la mayor experta Mundial en temas de felicidad, sostiene que podemos tener el control de nuestra felicidad en aproximadamente un 40% y el resto, un 60%, se vincula a una mezcla de genética y entorno. En ese 40% controlable es deseable la creatividad. En ese 60% no podemos operar en lo genético (más presencia del gen "rs324420", más propenso a la felicidad; menos presencia, menos tendencia a la felicidad).

Con técnicas de última generación se puede cuantificar la felicidad. Se evalúa el optimismo, las emociones positivas, el estrés, los niveles de control y exigencia, etc. La felicidad en las organizaciones es un tema de candente abordaje en las organizaciones innovadoras del siglo XXI. Existen los especialistas en organizaciones optimistas, lo que representa ya una innovación en sí misma. La felicidad hoy se aborda desde perspectivas neurobiológicas y médicas, tanto como sociales, psicológicas y políticas.

Una de las formas de proporcionar felicidad a los futbolistas de elite pasa por estimular actividades solidarias. Hay pruebas neurocientíficas de ello. La oxitocina es la hormona que se libera durante el sexo y la misma cuando la madre amamanta a su bebé. Desde ahí que se la conoce como la hormona del placer. Se ha logrado demostrar que el nivel de oxitocina en el cuerpo aumenta hasta 80 por ciento cada vez que se realiza un acto de generosidad. Los futbolistas de elite, cada vez con entrenamientos más intensos pero de menos duración, tienen los recursos económicos y de tiempo suficientes como para explorar con más fuerza este camino hacia una mayor felicidad.

Y así como en fútbol se mensura la carga con el protocolo de Percepción Subjetiva del Esfuerzo (PSE), nada nos impide seguir en la misma línea (recoger información desde la subjetividad del jugador) e incorporar lo que en algunas empresas denominan el "semáforo de la felicidad" para monitorear la marcha de ese activo tan valioso. Se envía un email (aunque también puede ser un whatsapp, encuesta escrita, pregunta directa o uso de una app) preguntando cómo se siente ese día. Se guardan los resultados cada día y si se notan estadísticas desfavorables, se investiga en profundidad y se corrigen las causas.

Martin Seligman explora oportunidades para encontrar caminos y rutas que desemboquen en la felicidad: "La felicidad no equivale al hedonismo, a la presencia de placer y a la ausencia de dolor. La felicidad, según Martin Seligman de la Universidad de Pennsylvania, pionero de la psicología positiva, es un constructo con cinco elementos.

La emoción positiva. Esto es el placer, el éxtasis, la comodidad y el aspecto más hedónico de la vida (por ejemplo, lo que nos produce la comida, el sexo, descansar, mirar la televisión, sentir el agua caliente de la ducha caer en el cuerpo). La mayoría de las personas suelen asociar esto a la felicidad y, sin embargo, es solo un aspecto.

El fluir (*flow*). Es un estado psicológico específico que experimentamos cuando hacemos una tarea que nos apasiona (conversar con un amigo, practicar un deporte o jugar en la computadora). Durante esas actividades suceden sobre todo dos cosas: una es que perdemos la noción del tiempo; la otra cosa es que perdemos noción de nosotros mismos. Esto sucede porque baja la ansiedad y el estado de alerta. Para que exista el flow tiene que haber un desafío u objetivo, que no sea muy grande, porque nos abrumaría; ni un desafío muy bajo, porque nos aburriría.

El sentido. Este resulta de hacer una tarea significativa por los demás, desde pasar tiempo con la familia hasta involucrarse en una ONG o ayudar al prójimo en el día a día. Significa encontrar un sentido o propósito a la vida más allá de uno.

Los logros, el éxito y la experticia. Esto, sin dudas, es algo que ocupa la mente de muchas personas durante gran parte del día. Como ya vimos, ciertos logros no traen necesariamente el aumento de felicidad que se espera, aunque la ciencia encontró que hay personas para las cuales sí funciona y es porque pueden venir acompañados, aunque no siempre, de emoción positiva, flow y sentido.

Relaciones positivas. El estudio más largo de la psicología es de la Universidad de Harvard y se trata justamente sobre la felicidad. Se hicieron encuestas a distintas personas cada dos años para ver qué circunstancias y actitudes hacía que mejorara o empeorara su calidad de vida. Los resultados del 2015 (qué reúne los resultados de los 75 años) arrojaron que uno de los factores más importantes es cuánto disfrutaban de las relaciones más íntimas.

¿Tienen en cuenta los entrenadores actuales el "factor felicidad" en su plantel? ¿Innovan en ello? Será momento de hacerlo porque como dice el neurocientífico Facundo Manes: "Un cerebro infeliz es un cerebro menos inteligente, menos creativo y menos productivo".

CM: "Una vez lo saqué a Maradona, creo que contra Panamá, porque lo estaban matando a patadas, y estuvo como 15 días sin hablarme. También lo saqué en un Barcelona-Manchester y se enojó mucho. A mí no me decía nada, pero te dabas cuenta".

GC: A todos los entrenadores les gustan los jugadores disciplinados, pero cómo no enamorarse de un jugador que es el mejor del mundo y se enoja porque lo sacan contra Panamá. ¿Se dan cuenta? El tipo quería seguir jugando contra Panamá. También por eso es el mejor del mundo. Porque quiere jugar siempre y como sea (recordar el estado de su tobillo en Italia 90). Porque si el mejor del mundo se enoja porque lo sacan contra Panamá, está exhibiendo una de las fibras íntimas que lo llevaron a ser el mejor del mundo. A esos sitios privilegiados no se llega solo con talento. Una vez le preguntaron al actor mexicano Roberto Gómez Bolaños (el que representó personajes célebres como el Chavo, Chapulín Colorado o Chespirito) sobre Maradona y dijo: "¿El mejor jugador del Mundial? Primero Maradona, después nadie y después varios. La diferencia del segundo a Maradona es muy grande". Y esa diferencia, también se hizo en base a querer seguir jugando contra Panamá. O como dijo el periodista y exjugador Diego Latorre: "Maradona te desarrollaba la imaginación".

CM: "Los tipos que ponen todo lo que tienen y hacen lo que deben hacer, no fracasan. Ganan o pierden partidos. Los técnicos fracasan cuando no caminan éticamente defendiendo su profesión".

GC: Sí, entiendo, pero no sé si todos entienden o comparten. El primer planteo que debe hacerse un entrenador es qué legado quiere dejar a sus jugadores. Y a un gran porcentaje, al hacerse esa pregunta, su cabeza lo traiciona pensando directamente en un título de campeonato. Y es cierto, pero solo parcialmente. El legado más grande es que un jugador reconozca todo lo que pudo aprender de él (y no solo en términos de fútbol —porque la carrera del futbolista, inevitablemente, se acaba- sino en términos de la vida misma). Aprendizajes que pueda transferir a su familia, sus futuros negocios y emprendimientos, su posible continuidad en el mundo del fútbol como entrenador o manager (hoy día tanto el futbolista como los entrenadores y árbitros disponen de universos amplios en los cuales seguir relacionados al deporte. José Carlos Fernández, jugador peruano, emprendió con una librería de fútbol online. Un exárbitro, del fútbol israelí, abrió un centro de innovación tecnológica deportiva. Ronaldinho entró al negocio de los estadios digitales y así muchos ejemplos).

Claro que si entrega todo eso y además reporta títulos, mucho mejor. Nadie es tan tonto como para renegar de ello. Pero debe ser muy triste que a un jugador cuando le pregunten qué le dejó ese entrenador, solo pueda contestar: "Un campeonato". El camino de la ética se recorre con más dificultades que otros caminos con "atajos". Ojo, que tener ética no significa ser un incauto al cual van engañando aquí y allá. No es fácil, pero se puede ser muy "vivo" (inteligente, sagaz, perspicaz, intuitivo) y a la vez muy ético (honesto, frontal, cuidadoso).

CM: "Diego tenía una formación más de potrero, con más liderazgo".

GC: Creo entender entonces que el potrero (el fútbol calle) no solo forma futbolistas desde lo técnico, sino que también estimula habilidades blandas como el liderazgo. Es tanta la sabiduría que lleva el potrero en su informalidad, que termina siendo la escuela más formal (en el sentido de eficiencia) para la formación de un futbolista.

CM: "Todos los que jugamos sabemos qué feo es correr sin la pelota y qué lindo que es moverse cuando se tiene la pelota. Un equipo es un estado de ánimo, ¿y cuándo uno pierde el ánimo en la cancha? Cuando no encuentra la pelota".

GC: "A mí, sin el balón, me costaba una barbaridad. Con el balón nunca estaba cansado. Cuando tenía que correr para atrás, siempre estaba cansado. El desgaste psicológico que supone correr sin el balón es tremendo. Entonces, a un futbolista lo que tratas de darle es lo que le gusta. Nada más", suele decir el entrenador Quique Setién. Todos estamos de acuerdo con usted. Y con Setién. Pero aun estando de acuerdo, hay entrenadores que consiguen que los jugadores amen correr sin la pelota. Simeone, por ejemplo. No lo digo yo, lo dicen sus jugadores. Koke por ejemplo: "A mí lo que más me gusta hacer en un campo de fútbol es ganar. El fútbol es ganar. Si ganas, eres feliz. Me gusta tener el balón, pero he aprendido a sufrir en el campo". Cuando Thomas Lemar fue presentado en el Atlético de Madrid dijo que si era necesario correr y esforzarse más, lo haría sin problemas. Es decir, los jugadores con Simeone están dispuestos a pasar menos tiempo con el balón y más tiempo corriendo sin él, que con la media de los entrenadores. No es ni mejor ni peor que aquellos que salen a la caza inmediata del balón. Es distinto y también tiene su mérito por ello. Es un diagnóstico perfecto el suyo César y todo jugador lo ha sufrido en carne propia en algún momento. Eso hace más interesante aún la teoría de Diego Simeone. Es decir, si invariablemente no voy a disponer del balón, pongamos por caso entre un 30% y un 70%, más vale que sepamos lidiar psicológicamente con ello. ¿Para qué? Para que el equipo nunca se desanime. Y en ese caso, el desanimado puede terminar siendo aquel que dispuso del balón la mayor cantidad de tiempo pero siempre estuvo lejos de lastimar. Los juegos de la mente son infinitos y en casos como este, los animados pueden pasar a desanimados y viceversa. Simeone obtiene de sus jugadores una disciplina absoluta y una entrega completa cuando el equipo no tiene el balón. Es mucho más difícil seducir a un jugador desde la postura de un Simeone que de un entrenador enamorado del balón. Ese es su mérito. Convencer al jugador desde el lado "políticamente incorrecto". La oferta del balón seduce. La oferta de su ausencia incomoda. ¿Qué? ¿Preferirían tenerla más? Seguro. Pero hay un mérito increíble ahí de parte del entrenador. Que el jugador disfrute ambas partes del juego. Porque con una buena fundamentación y con ejercitaciones acordes, un jugador puede encontrar placer y disfrute en la no posesión del elemento. Porque se disfruta el ordenamiento en los espacios (esquema), se disfruta la sensación de agrupamiento (colectividad), porque se disfrutan las ayudas (solidaridad), porque se disfrutan los movimientos que ponen al oponente en situación desventajosa (engaño) y claro que sí, se disfruta de despojar la pelota al oponente y empezar a hacer su juego (hurto y posesión).

> *"Fue muy linda la etapa de Menotti, fue como terminar la facultad"*
> *(Paolo Montero, exjugador, entrenador)*

CM: "Voy a contar un ejemplo con nombre y apellido. Yo estaba en Independiente y tenía al Polaco Arzeno, que era un 6 (defensor central izquierdo) correcto. Y en un picado lo veo jugar muy bien a la pelota. Entonces, un día lo llamo y le digo:

— ¿Hace mucho que usted está en Independiente?

—Sí, César, 10 años.

—Ah, ¿su viejo tenía algún amigo en la Comisión Directiva?

—No, no, me trajeron a probar. Jugué en Cuarta, después subí a Tercera. Hasta que debuté en Primera.

—Ah, entonces ahí sí: su viejo influyó con el presidente, habló con él, después con el entrenador...

—No, César.

Ya no le gustaba nada. Entonces le digo:

—O sea que usted llegó porque jugaba bien al fútbol, no le debe nada a nadie más que a sus condiciones con la pelota. ¿Por qué no juega? ¿Quién le hizo creer que usted no puede?

A veces le hacen creer tanto al jugador que no está para algunas cosas que termina por no ensayar las posibilidades. El crecimiento de las individualidades es el punto de partida para el mejoramiento del equipo".

GC: Están aquellos entrenadores que le agregan exigencia, tareas y presión a los futbolistas; y están aquellos que le agregan "juego al juego", intentando restituir aquello que se fue perdiendo por el paso del tiempo (y de entrenadores) casi sin darse cuenta. No todo es incorporar, a veces es solo recuperar ciertas memorias. El pasado también ayuda al presente.

CAPÍTULO 3
COSAS DE FÚTBOL

> *"Menotti fue el que más confianza me dio"*
> *(Faryd Mondragón, exportero de la selección de Colombia)*

CM: "Debemos partir del hecho cultural que significa el fútbol. Si no lo miramos desde ahí, solo estamos hablando de uno de los deportes que genera mucha plata".

GC: Cada país desarrolla su identidad a partir de su cultura. Es ella quien impregna, inconscientemente, de estilo a su fútbol. Mire sino lo que dijo el brasileño Edmílson, quien fuera campeón del Mundial en Corea-Japón 2002: *"Una buena actuación para nosotros no significa que el equipo avance a semifinales o a la final, sino que se reencuentre con el jogo bonito, el fútbol vistoso que históricamente supo practicar y que dejó de hacerlo en los últimos años"*. Eso es cultura y fútbol de la mano.

CM: "Nadie tiene la receta para ganar un partido".

GC: Nadie las tiene y sin embargo todos la buscan para copiarla. Y lo que no se dan cuenta, es que la receta debe crearla cada entrenador para cada equipo. No se puede ir a la tienda de soluciones, como bien dijo Guardiola alguna vez. Cada entrenador debe ser un artesano para poder inventarse esa fórmula. Una fórmula, que de ser repetida en cada lado, no le garantizará el triunfo. Se pueden llevar algunos ingredientes de aquí para allá. Pero nunca se puede llevar la receta completa.

CM: "No solamente se gana jugando o intentando jugar bien. También se gana por un montón de imponderables. O se pierde por esos imponderables que existen como en todo juego".

GC: Siempre creo que hay una obsesión por la perfección. Es decir, llevar el balón de portería a portería, superando a todos los rivales y convertir el gol. ¿Se puede? Claro que se puede. Pero antes de la perfección, se trata de un juego de provocación. El gol está en lo que hacemos nosotros, pero también puede estar en lo que provocamos que hagan ellos a raíz de lo que hacemos nosotros.

CM: "El problema no es por qué echan a los entrenadores. El problema es que no saben para qué los fichan".

GC: Los entrenadores tienden a ser elegidos en tiempos de urgencia y de crisis. En tiempos donde el entrenador acaba de ser cesado (o está por cesarse). Esa urgencia impide ver con claridad proyectos, ideas, necesidades, orientaciones. En la urgencia un bombero no necesita un proyecto de cincuenta páginas, necesita una manguera con agua. Y, salvo excepciones, por ello se los contrata: para apagar ciertos incendios. Además, en muchas ocasiones, suelen elegirse solo teniendo en cuenta las debilidades que tenía el entrenador anterior. La historia del fútbol revela, cientos de casos, que luego de "entrenadores laxos" fueron contratados "entrenadores duros" y viceversa. O luego de "entrenadores motivadores" (que eran considerados sinónimos de poco trabajadores en lo táctico) fueron contratados "entrenadores trabajadores" y viceversa. Mientras sigan ocurriendo estas cosas, su diagnóstico tendrá siempre vigencia: no saben para qué los fichan. Porque detrás de ese fichaje no hay proyecto, solo emergencia.

"El Flaco Menotti fue una bendición para el fútbol argentino"
(Ubaldo Fillol, exportero de la selección de Argentina)

CM: "Hacer lo que hacen los ingleses, por ejemplo, donde no todos juegan bien, pero tienen una gran generosidad para el espectáculo, con gran dinámica y preocupación por la portería adversaria".

GC: Más de 30 años después de estas palabras, los ingleses han mantenido y potenciado esta idea. La Premier League, más allá del potencial económico que lo respalda, es la liga más atractiva del mundo para ver. Ataca Liverpool pero también Southampton. Ataca Manchester City, pero también Leeds. Ataca Manchester United. Hasta Sheffield United, que al momento de escribir este libro ocupa las últimas posiciones, tiene una propuesta de juego atractiva.

CM: "Estoy cansado de escuchar errores gravísimos que no conducen a una dialéctica clara, escucho decir que los jugadores no estaban concentrados. ¿Qué quiere decir? ¿Que el tipo entró a la cancha con una pandereta? No es así, se puede decir de alguien que jugó mal, que no conoce el concepto del juego, pero no que está desconcentrado".

GC: He discutido mucho ese tema con amigos y compañeros de fútbol. Por ejemplo, cuando Liverpool convierte el cuarto gol, en Anfield, que deja eliminado al Barcelona. A simple vista puede parecer desconcentración, pero yo más bien creo que se trató de un engaño. Engaño en el sentido más clásico y admitido en el fútbol: hacer creer una cosa y luego hacer otra. Es decir, Liverpool mostró las cartas y ellas decían que iba a ejecutar el córner con cierta parsimonia. Si hasta parece que Alexander-Arnold va a dejar la ejecución a otro compañero. Sin embargo, ocurrió todo lo contrario: Arnold precipitó la ejecución.

Entonces, la "desconcentración", desde mi perspectiva, no es otra cosa que un acto provocado por el engaño o la distracción generada por el rival.

CM: "Yo nunca estoy conforme con nada de lo que hago, siempre me parece que podría haber hecho más y mejor. Peleo contra Menotti, no contra los demás".

GC: Supongo que el inconformismo es condición necesaria para ser un gran entrenador. ¿Cómo se supera uno si no es a través de no estar conforme, aun cuando hasta podría estarlo?

El inconformismo, seguido de acciones consecuentes, aumenta la altura del propio listón (y al aumentar la del propio, aumenta la del listón ajeno). Más claro, un ejemplo: Domènec Torrent, exasistente de Guardiola, solía decir: "Pep es un inconformista, no se da por satisfecho ni aun ganando títulos".

CM: "El fútbol le exige al chico ingenio, picardía, los mismas dotes que debe utilizar para sobrevivir en la calle".

GC: Por ello el fútbol calle es tan valorado como herramienta de formación futbolística. Una escuelita de fútbol puede darte técnica, táctica, formación física, encuadre pedagógico, formación humanística y cientos de atributos. Pero siempre queda la sensación que si bien es una formación real, la formación de la calle es más real aún. Porque una se planifica, se elabora, mientras que la otra simplemente transcurre, aparece, sorprende. Una se parece a una vida ordenada y secuenciada. La otra se parece más a la vida misma: cambiante, variable, impredecible, sorprendente. Y al parecerse a la vida, también se parece al fútbol, en esa panzeriana definición de "dinámica de lo impensado".

CM: "Entre el talentoso y el trabajador, sigo eligiendo al talentoso".

GC: El tiempo ha ido logrando que esos excluyentes, bien típicos, vayan quedando en desuso. Cada vez más vemos a talentosos muy trabajadores (Cristiano Ronaldo, por ejemplo), o a trabajadores con poco "talento tradicional" pero que, con buena lupa del entrenador, logran extraer de ellos "talentos no tradicionales".

Hay quienes creen en el talento. Hay quienes creen en la inspiración. Hay quienes creen en la planificación. Hay quienes creen en el esfuerzo. Yo creo en las cuatro a la vez.

> *"Menotti es palabra autorizada"*
> *(Claudio García, exjugador de la selección argentina)*

CM: "Hay buenos jugadores, muy buenos, excelentes, y los mágicos. Entre los buenos y los muy buenos, hay una terrible impor-

tancia del entrenador; y entre los muy buenos y los excelentes, hay una enorme importancia del entrenador...".

GC: Clarito como el agua. Quizá esa aseveración sirva para explicar, indirectamente, el motivo por el cual algunos entrenadores repelen a los jugadores mágicos. Su incidencia se diluye, su ego se atormenta, su visibilidad se hace nubosa. Necesitan de jugadores "entrenadores-dependientes" en exceso. Sometidos. La carencia del jugador exacerba la dependencia hacia el entrenador. Y con ella, su incidencia y eventual prestigio. ¿Dar nombres acá como ejemplo? De ninguna forma. Sería irrespetuoso de mi parte, pero es muy probable que si la intuición te fue devolviendo algunos rostros mientras leías, ese procesamiento inconsciente esté bastante cerca de la verdad.

CM: "Y no crean que es rápido Messi. No es rápido Messi. Es rápido cuando llega a la pelota, porque parece que corre y frena, porque parece que engancha y no engancha, porque parece que va para un lado y va para el otro. Entonces que es lo que mejor hace: engañar. Porque si le meten a Messi un pelotazo de 40 metros, puede haber un montón de defensores que puedan llegar primero. Pero si después de la elaboración la pelota termina en los pies de Messi, ahí empieza el lío para el rival con la velocidad de Leo. Porque él corre engañando. Porque sabe dónde tiene la cabeza y dónde la pelota".

GC: La velocidad pura es para las líneas rectas y sin oponente. O sea, el atletismo. Algo que puede solucionarse en base a la contracción de fibras rápidas. En el fútbol, la fibra rápida muscular necesita combinarse con el procesamiento cerebral veloz; es que en milisegundos siente, percibe, evalúa, decide y ejecuta. Porque, como usted también dice, "el jugador más rápido es el que resuelve antes, no el que corre más ligero".

Cuanto más rápido un jugador interprete lo que ocurre, más tiempo dispondrá "para llegar a tiempo". Cuanto más rápido interprete lo que ocurre, más tiempo tendrá para sopesar un abanico de propuestas a lo que está ocurriendo. Porque si interpreta tarde, es una interpretación sobre el pasado. Esa situación no existe más. Ya pasó. Ya fue. Y el rival sigue en dominio de la situación. La velocidad física puede disimular entendimientos tardíos, más nunca suplantarlos. La velocidad física en entendimientos nublados provoca atropellamientos y congestiones. Llega rápido (a meterse en un problema). Personalmente creo que es más fácil que la velocidad mental compense la física, que la física compense la mental. Pero son interpretaciones sujetas a debate. Iniesta dijo una vez: "La velocidad de desplazamiento sirve para adelantar metros, pero es la velocidad de decisión la que permite barrer los obstáculos, sea esquivándolos o sea engañándolos". Y la realidad es que la velocidad mental para la toma de decisiones se está acelerando a ritmo vertiginoso. Los jugadores alemanes tenían el balón promedio 2,9 segundos en el Mundial 2006. Ya para 2014, el promedio había bajado a 0,9 segundos. No pasa solo en el fútbol. En la NBA también, Klay Thompson convirtió 43 puntos habiendo botado el balón solo cuatro veces en todo el juego.

VELOCIDAD FÍSICA	VELOCIDAD MENTAL	OPCIÓN
X	X	Mala
O	X	Regular
X	O	Buena
O	O	Óptima

CM: "Mientras los responsables de las divisiones inferiores de los clubes sigan pensando que es más importante ganar campeonatos de quinta y sexta que darle fundamentos completos a los aspirantes a jugar al fútbol, tendré que seguir enseñándole a los jugadores de la selección cosas que ya deberían saber perfectamente".

GC: Desgraciadamente nunca faltan aquellos que ponen el carro delante de los caballos. En el único punto por el cual los jugadores de inferiores deben jugar siempre a ganar (aunque ello no implica necesariamente dejar de jugar a jugar, ni dejar de enseñar a jugar) es para desarrollar el espíritu competitivo que incluye el hambre de triunfo. Un jugador excelente sin hambre es completo técnicamente pero incompleto espiritualmente. Hay que desear ganar. Sin el deseo que lo empuje, la entrega será siempre incompleta. Vale aquí una anécdota que ejemplifica el espíritu competitivo. La contó el francés Patrice Evra. Cierto día Cristiano Ronaldo jugó un partido de tenis de mesa con Ferdinand y este le ganó. Algunos jugadores del plantel del Manchester United se rieron de él por ello. ¿Qué hizo Cristiano? Mandó a comprar con un primo una mesa de ping-pong, entrenó dos semanas, jugó la revancha y le ganó delante de todos.

Pero antes de los entrenadores de inferiores, están los entrenadores de fútbol base. Y ahí también hay entrenadores que lo único que piensan es en ganar. Personalmente creo que no es tan difícil la elección de un entrenador de fútbol infantil (fútbol base). Hay quienes se esfuerzan en detectar sus conocimientos técnicos. Yo prefiero dividirlos en dos razas bien diferentes. Aquellos entrenadores que tienen muchas "ganas de ganar" y aquellos que tienen muchas "ganas de enseñar". Los segundos son los indicados. Aquellos que tienen muchas ganas de ganar anteponen sus deseos (figuración, ascensos, egos, cuentas pendientes, frustraciones del pasado) a los deseos de los niños. La psicóloga Rosa Coba habla de ellos como los "entrenadores ascensoristas". Aquellos entrenadores que tienen muchas ganas de enseñar, los posponen o minimizan (porque también tienen los mismos deseos que los anteriores). El centro es el niño. Su evolución y progreso. El resultado no se medirá en campeonatos logrados sino en evoluciones tangibles. Aquí bien vale una advertencia sobre el ego. Como dijo el entrenador argentino José Pekerman: "Antes de empezar a competir... le tienes que ganar al ego más grande de todos, que es el tuyo". Es bien manipulador. Cuanto mejor te hace sentir, más daño está provocando. Y para el caso, "entrenadores con ganas de enseñar" contra "entrenadores con ganas de ganar", vale la diferenciación entre dos egos. El buen ego tiende una mano (enseña y educa). El mal ego se abraza solo (trampolín individual).

> "Menotti es importante para el jugador, tiene mucha llegada"
> (Nery Pumpido, exportero de la selección argentina)

CM: "Hubo una época de grandes tipos en las inferiores, que no querían ser entrenadores de Primera...".

GC: Esteban Cambiasso piensa algo similar, contando su experiencia: "Ya no es igual el baby fútbol que yo jugaba con el baby que se juega hoy. En el mío, el portero te la daba en el pie y se empezaba; hoy, en el 90% de los partidos se ve al portero que la deja picando y un defensor la patea para que la peine el medio y ver qué pasa. Y sumale la locura por ganar. Después, de la boca para afuera dicen que hay que formar, pero mientras echan coordinadores y entrenadores porque dicen: '¡Pero mirá la prenovena! ¡Terminamos atrás de este y del otro!'. Entonces habría que tener una coherencia en materia de fútbol formativo". Ahora bien, no es un ilícito moral ser entrenador de inferiores y desear llegar a ser entrenador de Primera. El ilícito se perpetra cuando se usa a los jóvenes (o a los niños) desviando el foco educativo-futbolístico que debe respetarse en cada etapa para la obtención de apresurados resultados, que buscan más la satisfacción del entrenador (y especialmente su posicionamiento como entrenador) que la evolución del jugador.

Los entrenadores de inferiores han de tomar cualquier oportunidad para ser mejores formadores. Un Mundial de fútbol, por ejemplo. Todos los entrenadores tienen la posibilidad de aprovechar un Mundial. ¿Cómo? Haciendo jugar un Mundialito donde en cada entrenamiento, donde se "hace fútbol", cada uno de ambos equipos representa el papel táctico de una selección del Mundial. Obliga a mucha investigación de parte de los entrenadores pero representa una oportunidad de enriquecimiento táctico-motivacional única para los jóvenes. A ellos les encantan los entrenadores dinámicos en sus ideas. Por impronta de su edad, odian la rutina de lo mismo de siempre. ¿Cómo creen que abrazará un módulo táctico un joven? ¿Por sus típicos números (4-3-3 por decir alguno) o por el país que mejor representa ese módulo? Ponerle nombre propio es mucho más motivacional que una cifra. "Juega 4-3-3" no motiva ni cerca como decir "juega como Inglaterra". Imagine al joven delantero que se le explican los movimientos que debe realizar en ese sistema como un tal Ronaldo, Messi, Keane o Lautaro Martínez. Imagine un joven defensor que se le expliquen los movimientos en ese sistema como un tal van Dijk, Sergio Ramos, Alexander-Arnold o Martínez Quarta. ¿Cambia no? Volvemos a lo mismo. Los nombres propios motivan. Y además el plus del formato "Mundialito", donde cada joven va sumando puntos individualmente luego de cada partido representando siempre a un país distinto.

Si la idea no gusta, siempre está la posibilidad de seguir haciendo los mismos 11 contra 11 estereotipados de siempre. O, si estamos hablando de niños, los mismos 5 contra 5 o los idénticos 7 contra 7.

CM: "Lo más importante para un entrenador es la elección de sus jugadores. El entrenador debe ser el más rápido en descubrir las individualidades y el más rápido en encontrar, en esas individualidades, las obligaciones y las posibilidades. Ahí no puede confundirse. Ésa es su tarea prioritaria".

GC: Hay entrenadores que eligen a sus jugadores por lo que son. A mí me gusta por lo que van a hacer. Lo que va a llegar a ser individualmente (que tiene que ser mucho más de lo que está siendo), pero también lo que a llegar a ser colectivamente (cuánto aporte le va a brindar al equipo y cuánto aporte le va a brindar el equipo a él). Una mirada se compone de pasado y presente, mientras la otra se compone de presente y futuro.

CM: "La frase de 'ganar como sea' me parece irrespetuosa".

GC: Si incluye trampa a mí también. Si no incluye trampa hay que analizar de qué se compuso cada uno de los "como sea" que llevaron a "que sea". Algunos serán irrespetuosos con el juego, otros quizá no tanto y, posiblemente, otros hayan elevado el listón de acciones absolutamente lícitas pero intencionalmente opacas para el espectáculo.

> *"Menotti es una persona que tiene las cosas muy claras"*
> (Fernando Batista, entrenador de las selecciones juveniles de Argentina)

CM: "El entrenador debe entender que este es un juego evolutivo y dinámico, que le exige estar permanentemente preparado y en la búsqueda. Vos no podés quedarte con lo que pasó la semana pasada, conformarte con lo hecho".

GM: Le agradezco mucho esta reflexión, César, porque no pocas veces me he sentido predicando en el desierto cuando de temas de creatividad e innovación en el fútbol se trata. De poner estas herramientas para mejorar el fútbol del presente e inventar el fútbol del futuro. Aquí ocurre un fenómeno muy interesante que consiste en el "que innoven otros". Desgraciadamente tenemos muchos entrenadores instalados en una "zona de miedo" (que es peor que la "zona de *confort*"). Esta zona de miedo lleva, dentro de si, el reconocimiento (de palabra) sobre la necesidad de evolucionar e innovar, pero también la decisión de dejar que sean otros quienes corran el riesgo de innovar y, en caso que triunfen, luego ir presurosos a copiarlos. El fútbol va a evolucionar a mejores tácticas, mejores entrenamientos, mejores tecnologías, mejores recursos, motivaciones y un mejor liderazgo cuando todos los entrenadores estén comprometidos con una dinámica de, dirían los japoneses, mejora continua. Por eso, no existe un conformista innovador. Ni uno solo. "Conformista innovador" casi que termina siendo un oxímoron.

CM: "A los cracks hay que formarlos, hay que hacerlos, es falso que se encuentran por la calle. Pasa que muchos no quieren emplear el tiempo necesario (o no tienen la capacidad suficiente) y van a lo rápido, al grandulón de 14 años para que les gane el campeonato con goles de cabeza".

GC: Una cosa es detectar talentos y otra hacer florecer el talento. Una es potencial. Otra es acto. Una es cuestión de instantes. Otra es cuestión de toda la vida. El talento es ilimitado. Limitados estamos de ojos que los descubran y manos que lo trabajen.

Al talento hay que ofrecerle obstáculos y dificultades: hay que saber si es un talento que fluirá en las fáciles o es un talento que florecerá, también, en los momentos más críticos. No se trata solo de identificar talento (eso lo ve cualquiera) sino identificar el talento situado (y, como usted dice, formarlo).

CM: "Lo ponderable del jugador de fútbol es que haga con sacrificio lo que menos le gusta o para lo que menos está dotado. Ese es su gran aporte. A mí no me gusta correr o trabajar, pero lo hago en favor del equipo. A mí me cuesta mucho, arriesgo mucho, si trato de asegurar la pelota, por eso entreno ese aspecto y me esfuerzo para hacerlo cada vez mejor. Ese debe ser el aporte

en beneficio de todos. Así se va construyendo el sentido colectivo del equipo".

GC: Todo jugador es, potencialmente, un cuadro FODA. Es decir, tiene fortalezas y debilidades, y de ello se desprende que genera oportunidades para el equipo y habilita amenazas para el rival. Las mismas fortalezas y debilidades que puede apreciar el rival y, a partir del cual, encontrará (en nosotros) oportunidades para su equipo para explorar y amenazas a aventar.

Por eso la importancia (y en cierta forma la "obligación moral y profesional" de un jugador, de disminuir y disimular al máximo sus debilidades, independientemente del nivel de aporte que brindan sus fortalezas).

También, hay que salir de ciertos estereotipos de pensamiento que vienen desde hace mucho tiempo. Tradicionalmente, pensar a un jugador es preguntarse cuánto va a agregar a un equipo. Quizá sea momento también de combinarlo con cuánto va a resignar por el equipo.

El equilibrio es dar tanto como quitar. Pertenecer a un equipo tiene que ver con dar lo máximo de lo bueno que uno tiene pero también con evitar lo máximo de lo malo. Porque todos llevamos un "combo". Tu mejor versión tiene que ver, a la vez, con entrega y sustracción.

El "me aceptan como soy" es un facilismo actitudinal.

Usted como entrenador puede hacer FODAS individuales como colectivos.

	FORTALEZAS	DEBILIDADES
AMENAZAS	No se toca nada ni se cuestiona nada.	Hacerse preguntas y replanteos.
OPORTUNIDADES	Cambiar todo, cuestionar todo (en el mal sentido), dudar de todo.	Mantener algunas certezas que marcan el norte.

CM: "Italia corre un gravísimo riesgo si no modifica su fútbol, porque pronto no va a alcanzar solo con grandes jugadores. Más

tarde o más temprano, la gente se cansará de ir a los estadios a ver cómo al gran jugador le ponen un tipo encima y no lo dejan jugar".

GC: ¡Visionario César! ¡Esa frase la dijo en los 80! Arrigo Sacchi también lo ha denunciado: "Italia ha sido un país de estetas en la poesía, la pintura, las artes. Pero el fútbol ese concepto lo ha repudiado. Juegas mal, marcas un gol en el minuto 90 y todos a celebrarlo". Hay un anclaje cultural muy profundo y arraigado. El *catenaccio*. ¿A qué aspecto cultural debiera prestarle atención Italia en el fútbol? ¿A su cultura "de fútbol" (menos expansivas y más conservadoras)? ¿A sus "otras culturas" (más expansivas y menos conservadoras)? Yendo más profundo en la historia, hasta los romanos fueron conquistadores y expansivos. Menudo dilema. Los cambios culturales, a veces, son lentos y no exentos de resistencias. Son años y años adscribiendo a una ideología, a una identidad. Como dice Sacchi: "Nosotros estamos acostumbrados a jugar a la contra, los chavales lo llevan tan dentro que no hace falta ni explicárselo". Pero, como también dice Sacchi, quien fue un revolucionario en el fútbol italiano: "Siempre intenté hacer algo por mejorar a mis jugadores. Quería darles estímulos, aportarles creatividad. Vivimos en un mundo veloz y el fútbol tiene que renovarse constantemente. En mi época definían el fútbol italiano en dos palabras: *catenaccio* y *líbero*. Había pesimismo, estaban preocupados solo por ganar. Pero yo pensaba distinto, creía que teníamos que ser optimistas y pensar a lo grande, abrir la mente al futuro, a la creatividad y la innovación".

Pero se puede, claro que se puede. Basta apreciar el cambio cultural de Alemania en su acento sobre cómo formar futbolistas. Los visionarios se adelantan en el tiempo. Y a veces reciben burlas por ello. Veamos un ejemplo. El caso de Rafa Benítez. Él fue uno de los iniciadores en la Premier League de la marcación en zona en las pelotas paradas. Fue burlado hasta el cansancio. Cada vez más equipos lo hacen en todas las ligas del mundo.

Además de las dificultades (y que le han costado el puesto) por creer en la rotación de los jugadores. Hoy también muchos entrenadores, a lo largo del mundo, han seguido esas ideas. Sin ir más lejos, el Profe Osorio, quien fue vapuleado por esas ideas en el proceso previo al Mundial y luego vitoreado como héroe cuando México se impuso a Alemania. Ser visionario necesita de la combinación con otras cualidades: la fortaleza mental para que, en el camino, las críticas no transformen a un visionario en un mero repetidor de fórmulas viejas y probadas. Ser visionario implica trabajar mucho tiempo para transformar la visión en hecho (Osorio estuvo seis meses planificando el partido con Alemania). Pero usted, César, fue visionario en cosas muy importantes y determinantes para el fútbol argentino. Matias Bauso escribió sobre el Mundial 78 y dijo cosas con mucha exactitud, por lo cual solo repetiré sus palabras: "En el 78 *habla de entrenar cuatro veces por semana y jugar amistosos. Crea la categoría 'jugador de selección'. Eso no existía, los jugadores no querían ir a la selección. Después hace un plan sumamente riguroso con estudios médicos, con desarrollos, selecciones juveniles. En el 75 crea la selección del interior con jugadores que estaban en el torneo nacional: jugadores de Jujuy, de Córdoba, de Mendoza, de todas las provincias. Podría pensarse que es un gesto folclórico, demagógico. Bueno, de ese plantel, de 19 jugadores, 5 fueron campeones del mundo: Villa, Ardiles, Valencia, Galván y Oviedo*".

Antes de partir al Mundial de Rusia, la selección argentina jugó un amistoso con una selección de poca jerarquía internacional. Desde las redes sociales se lo recordó a Menotti. "¿Por qué en lugar de este partido ridículo no hacían uno contra un combinado local? Todo en familia y más interesante", escribió un conocido cantante. Hablando de creatividad, esta tampoco era una mala idea. Los suplentes contra la "selección de la B Nacional" y los titulares contra la "selección de la Superliga".

> *"Con Menotti entraba feliz a una cancha de fútbol"*
> *(Panchito Guerrero, exfutbolista)*

CM: "Es un equipo, vos no podés tener en una orquesta con 14 trompetas y no tener piano".

GC: Lograr la máxima armonía en la máxima diversidad.

CM: "¿Cuál es la fuente futbolística del entrenador? La creatividad de los jugadores. Ahí debe descubrir cosas, como en las pequeñas sociedades, por ejemplo, de las que alguna vez hablé. Todas esas cosas las incorpora el entrenador y hace su manual de sabiduría. De ahí va sacando los conceptos que tiene que ejercitar en la tarea, porque no vale escribirlos en un papel solamente. Vos podés crear pero es en el terreno donde empiezan los ensayos y las demostraciones, es del campo de donde se sacan las conclusiones".

GC: Esto es como cuando una empresa saca un producto al mercado. Todo muy lindo: el *brainstorming*, el diseño del *packaging*, la estrategia de *marketing*, el ingenio publicitario ("el terreno")... pero si el cliente no compra (léase el equipo no funciona en "el campo") ese producto, no cumple los requisitos que tiene que cumplir (lo mismo que un equipo de fútbol que no funciona).

CM: "Yo era un enfermo del fútbol. Vivía todo el día pensando en el fútbol, íbamos a ver los partidos. En el garaje de casa tiraba una pelota de tenis contra la pared y la paraba con el pecho, así todo el tiempo".

GC: En tiempos del *tocball* de Xavi Hernández, o del *footbonaut* del Borussia Dormund y el Hoffenheim, usar la pared para entrenar la técnica parece un acto revolucionario. Es que la ausencia de tecnología puede ser un argumento de excusas para quien no quiere mejorar. Quien, verdaderamente, lo desea a través de la creatividad se inventará la tecnología, los tiempos y los espacios. Pero la creatividad es, en algún punto, dependiente de la pasión. Uno se inventa para poder satisfacer el deseo que le genera la pasión.

CM: "Más allá de divertirme, aprendía mucho y seguí aprendiendo toda mi vida. Soy un loco que siempre veía cosas en futbolistas que ni ellos mismos las veían. Robaba gambetas".

GC: "Robaba gambetas" me hizo acordar a Guardiola, que se declaró un "ladrón de ideas". Robar en este sentido es una declaración de admiración. Uno no toma lo que no le sirve. Uno roba cuando le provocaron inspiración. "Quiero hacer eso", "mirá qué bueno esta eso", "como nos serviría aquello". Se roba lo que tiene sentido para la identidad que se quiere construir (las gambetas en su juventud o la salida lavolpiana que robó Guardiola para construir identidad en Barcelona). Se roba para poner los ladrillos que aún faltan o los cimientos que comienzan. Y en este sentido, la víctima del robo ha de sentir orgullo de ser robado. La imitación es el acto individual que garantiza la supervivencia de toda aquella invención que es útil de alguna forma.

CM: "Barcelona fue el mejor equipo de los últimos 30 años. Y Guardiola es el mejor entrenador de los últimos 30 años".

GC: (Pienso para mis adentros: No en vano le dediqué la tapa de uno de mis libros).

CM: "Después de una temporada en el Bayern, le dije a Guardiola: '¿Sabés que vos sos uno de los pocos entrenadores del mundo, no sé si alcanzan con los dedos de una mano, que abre la puerta del vestuario, dice buenas tardes y todos saben cómo tienen que jugar? ¿Te das cuenta de eso?'".

GC: La famosa identidad. La bendita identidad. Bendita por la identidad, pero bendita también porque es camino de triunfo y éxito. Ninguna identidad es bendecida y abrazada por los jugadores si conduce al fracaso.

> "La gente que te hace pensar te mejora. Y César es uno de ellos. Menotti es un manual de consulta"
> (Roberto Ayala, exfutbolista de la selección argentina)

CM: "Se puede dejar de correr, o dejar de entrar en juego durante largos minutos; lo único que no se puede dejar de hacer es de pensar".

GC: Supongo que nadie debería darse el lujo de dejar de correr (por aquello del contagio). Para bien o para mal, el compromiso de uno puede generar el de varios. El compromiso de varios puede generar el de muchos. El compromiso de muchos puede generar el de todos. Supongo que es muy posible que uno pueda tener períodos donde "se sale del juego". Pero que no se pueda dejar de pensar me parece muy cierto. Y voy a elegir a Messi, como ejemplo, para explicar las razones. Todos esos momentos que lo ven a Messi desconectado, es que está incubando su "eureka", su aporte único, su intervención decisiva. A mayor nivel de talento, la desconexión parece más grande pero su regreso también es más disruptivo. La conexión obsesiva impide el estallido creativo. Hay que revisar todos los manuales y teorías sobre la concentración. Porque, a veces, la desconexión que parece más grande, termina siendo la germinación de la conexión más fuerte. Les debe pasar como contaba el gran escritor Julio Cortázar. Él decía que cuando percibía el comienzo de un cuento, debía correr a la máquina y escribir "como quien se saca de encima una alimaña". Lo que para Cortázar era el inicio de un cuento, para Messi y Maradona es el inicio de una jugada (Diego se sacó de encima a los ingleses como quien se saca una alimaña). Todo esto tiene íntima relación con lo que dijo el profesor Fernando Signorini: "Maradona y Messi poseen una especie de inteligencia intuitiva. Alguna vez alguien lo definió como inteligencia astuta. Son tipos de una astucia increíble, son como depredadores que están al acecho".

CM: "El fútbol es vertical, horizontal, corto, rápido, lento. Es todo junto y por eso es tan apasionante".

GC: Contiene sus expresiones más opuestas. Contiene sus variables más distantes. Y en ese abanico de extremos, el resto es una inmensidad. Uno puede ganar y perder con una posesión infinita (como la de Guardiola), tanto con un ataque feroz y vertical (como con Klopp). Para mí, el mejor equipo es el que contiene en su juego tanto las ideas de Guardiola como las de Klopp. Uno puede ganar y perder ejerciendo una presión alta (como la de Bielsa), tanto con un repliegue profundo y un orden que cierra espacios y líneas de pase cerca de la propia portería (como se le puede haber visto a Simeone cuando le ganó al Barcelona).

CM: "El fútbol es la frase de Pedernera, que un día me dijo: 'Todo lo que veo ya lo ví y lo que veía antes ya no lo veo más'".

GC: Tal cual, como "lo que veía antes ya no lo veo más" es que Pablo Aimar se expresó respecto de las selecciones juveniles de Argentina: "Ahora hay menos creatividad y mucha más esquematización. Nosotros estamos intentando volver al método anterior.

Nos gusta dejar más las cosas en manos de los chicos". Esto que dice Aimar tiene que ver con lo que se conoce como aprendizaje diferencial. ¿En qué consiste? En que los futbolistas exploren la mayor cantidad de soluciones posibles (los entrenamientos han de ser diseñados en esa dirección). La investigadora Sara Santos hizo un trabajo, de unos cinco meses, con jugadores juveniles con entrenamientos basados en el aprendizaje diferencial. Una vez terminada la experimentación, concluyó que esos juveniles tenían mayor originalidad y versatilidad en las acciones, a la vez que tenían menos errores que el grupo de control.

Supongo también que la frase "lo que veía antes ya no lo veo más", se refiere a una estética del fútbol orientada hacia la técnica. Son muchos los factores que han atentado contra ello. Quizá solo valga la pena mencionar algunos pocos de los más importantes: la pérdida de los espacios para la práctica del fútbol de potrero (o fútbol calle) y la decisiva evolución de un fútbol espectáculo a un fútbol negocio. En el fútbol-espectáculo, el jugador jugaba para ganar y divertirse. En el fútbol negocio, el jugador gana para sostener la dinámica del negocio. Lo que está bien claro es que, cada vez más, el fútbol negocio necesitará del fútbol espectáculo para sostenerse.

Quienes se condenan a ignorar el pasado, por tener miedo a que los cataloguen de "antiguos", son los mismos que se pierden la posibilidad de ser los nuevos innovadores. Todo se recicla de forma más o menos aggiornada. ¿No me creen? Unos cuantos equipos, entre ellos los de Guardiola, han optado por la tradicional y centenaria pirámide invertida (1-2-3-5) para encontrar soluciones ante defensas muy replegadas y en bloque.

CM: "Antonio Sastre fue el mejor jugador que vi en mi vida. Era capaz de actuar en todos los puestos de un equipo. Pero no de relleno o emergencia. La rompía en cualquier lugar de la cancha".

GC: Me gusta esta frase porque me sirve como excusa para repensar aquello tan mentado de "jugador total". Ser un "jugador total" no significa pensar en términos de "Di Stéfano o nada". O de, en este caso, "Antonio Sastre o nada". Ser un "jugador total" significa construir cada día con paciencia, dedicación y entusiasmo, nuevas habilidades (motoras y mentales) para enriquecer el juego. El juego individual y el juego colectivo. Uno no nace jugador total. Uno se hace jugador total. Puliendo defectos, potenciando virtudes. Agregándose tareas tácticas. Jugador total es construcción cotidiana por parte del jugador (exigir más y exigirse más) y por parte del entrenador (entregar más, pero no siempre más de lo mismo. Más de lo mismo y más de lo distinto. Un jugador pasará por múltiples entrenadores y no puede llegar a un siguiente entrenador experto en algo y absolutamente inexperto en otro). Por eso adhiero a este concepto de Asier Garitano: "Me gustaría, como entrenador, tener la capacidad de enseñar a jugar de diferentes maneras". Para tomar un opuesto ejemplificador. No puedo formar un jugador solo para el juego de posición. También debe dominar el juego directo. No puedo formar un jugador solo para el juego directo. También debe dominar el juego de posición.

> *"Menotti es mi referente como entrenador"*
> *(Ángel David Comizzo, exportero, entrenador)*

CM: "Messi tiene una ventaja muy grande: es brillante en los últimos 15 metros y eso es único. Para mí, Messi es un gran jugador en los últimos 15 metros y un jugador lleno de errores cuando parte desde 50 metros lejos de la portería".

GC: Todo entrenador debería tener una cancha de fútbol pintada de verde, amarillo y rojo. Una cancha para cada jugador. Y compartirla con él. Para que ambos conjuguen, en armonía, la zona de máxima eficacia y rendimiento (donde el jugador puede "ser" lo máximo que le permite su potencial), una zona amarilla (de rendimiento relativo) y una zona roja (de rendimientos pobres). Una especie de mapa de calor (es muy probable que el mapa de calor de recorridos tenga alta coincidencia con este mapa de calor: nadie se va a jugar a las zonas donde las cosas se ponen más espesas). De esa forma, y comparando canchas, también verá de forma gráfica las posibles interacciones a fomentar y las razones de por qué algunas interacciones deseadas no se producen. Un lateral puede tener verde hasta los 70 metros de la cancha, pero amarillo o rojo en los últimos 30 (por distintas razones que van desde juego débil en el 1 contra 1, incapacidad de lanzar un centro, escasa asociación con un delantero, etc). Desde esa mirada se analiza todo el resto de las posibles interacciones con los demás futbolistas con sus canchas de colores y las distintas formas de potenciar el arribo de ese jugador a esa zona. Así con cada uno de los futbolistas y de los puestos, la capacidad de analizar el juego es enriquecida intelectualmente. El enriquecimiento será mayor aun si el futbolista tiene la oportunidad de "pintar su propia cancha". De esa forma se pueden comparar ambas visiones, siempre subjetivas, y establecer espacios de comunicación en los cuales el jugador se enriquecerá con la visión del entrenador y el entrenador con la, igual de importante, percepción del jugador. El entrenador ha de colgar cada uno de esos mapas (los que hizo el cuerpo técnico y los que hizo el jugador) en una pared y plantarse frente a ellos a observarlos, tal cual un detective va observando las múltiples pistas que tiene en la pared en búsqueda del "estallido intelectual" que le diga: "es por acá". Esas canchas permitirán anotaciones. En términos de entrenamiento de la creatividad será un verdadero "*mindmapping*" (mapa de la mente). Esta es solo una forma de abordaje diferente para "estimular y forzar" nuevas direcciones en el análisis del juego y nuevas ideas en la construcción del equipo.

CM: "El partido lo gana el equipo, no un futbolista".

GC: Un partido lo gana un futbolista porque antes siempre lo ganó el equipo. ¿Cómo? Generando contextos para que ese futbolista se exprese. A los ojos de un aficionado, el partido lo ganó un jugador. A los ojos de un entendido, un jugador fue quien finalizó exitosamente una aventura colectiva.

CM: "A veces he pensado que a Frank Rijkaard le pasó como a esas personas que cuando tienen dos trajes se visten bien; pero cuando ya tienen mucho dinero y tienen muchísimo donde elegir, se pierden. Quizás el exceso de jugadores confundió a Rijkaard. Antes estaban Deco, Ronaldinho, Xavi y poco más. Luego llegaron Henry, Iniesta, Bojan, Messi... Son muchos buenos".

GC: Claro, hay un límite en el cual la abundancia deja de ser beneficio para transformarse en problema. Y en el caso de la talla de esos jugadores, problemas de vestuario. ¿A quién saco? ¿A quién pongo? La sabiduría de un entrenador es detener la abundancia en el punto justo, aquel que enriquezca al juego al máximo y deteriore el vestuario (entre ello, los egos) al mínimo.

CM: "Hay dos tipos de entrenadores: los que hacen pensar a sus jugadores y los que piensan por ellos".

GC: Hay un tercer tipo de entrenador que es el que hace pensar a su jugador cuando este puede y ayuda a pensar en su lugar cuando este está imposibilitado de hacerlo. ¿Cuándo está imposibilitado? Nunca de forma permanente pero muchas veces de forma parcial. Por ejemplo, cuando la presión lo supera. Como regla general, un entrenador dispone de todo el tiempo del mundo en un entrenamiento para permitirle a un jugador resolver un acertijo futbolístico, pero no dispone nada de tiempo si se encuentra en competencia porque un pensamiento tardío se paga con un gol menos a favor o un gol más en contra. Para que un futbolista "piense mucho" en un partido, es necesario obligarlo a "pensar siempre" en un entrenamiento.

> *"Lo de Menotti es un antes y un después"*
> *(Omar Larrosa, exjugador de la selección argentina)*

CM: "Un gol de penal lo hace cualquiera".

GC: Si, ya sé, creo recordar los antecedentes. Esta frase tiene sus raíces en que, cuando usted se inició en Rosario Central, algunos compañeros suyos le prohibieron festejar los goles convertidos de penal. No sé si es tan así porque, si así fuera, cualquier jugador patearía los penales en cualquier partido. Un pateador de penales se elige. Por capacidad técnica (tiene que ser capaz de ofrecer un repertorio amplio de posibilidades para ser menos previsible) y por fortaleza psicológica (no debe sentir presión al momento de erigirse en el ejecutor). Un penal lo hace cualquiera en un partido de barrio. Un penal en un Mundial no lo hace cualquiera. Aun así, hay quienes sienten presión en un partido de barrio, mientras otros no sienten nada. Igual que un Mundial.

CM: "El 98 por ciento de los periodistas no entiende de fútbol. Pero no tienen por qué entender. Basta con que se sientan público. Ni gente como nosotros, que hace 40 años que trata de buscarle un razonamiento, logra entenderlo. Acá lo que se rechaza es esa autoridad para decir: 'Si yo hubiese estado ahí, hubiera puesto a fulano'. Eso es una irrespetuosidad que no le corresponde al periodismo".

GC: El periodismo opinó, opina y opinará. Y opinará cada vez más, porque sabe que en la moderación no hay audiencia y en la exaltación sí. No solo opinará cada vez más, opinará cada vez con léxico más altisonante y tonos de voz más pasionales. Eso lo aleja de un entrenador pensante, pero lo acerca a un público pasional. Al fin y al cabo, su destinatario y cliente final. Habrá excepciones, como siempre. Pero la generalidad irá en esa dirección.

CM: "La conducción del fútbol argentino ha sido tan terrorífica que ha llegado a situaciones en las que hoy lo único por lo que se sueña es en sacar jugadores para poder venderlos. Creo que el fútbol necesita una reestructuración cultural más que nada. Con lo económico siempre pasa lo mismo: se venden jugadores para resolver problemas económicos, pero después se terminan comprando jugadores por la exigencia y no se entiende por qué el primero se fue. En definitiva, sale campeón uno solo. El fútbol merece un debate más profundo y frío, y recomponer las instituciones porque la crisis en el fútbol sigue".

GC: Lo de siempre, lo urgente supera a lo importante. Los grandes estadistas son aquellos que trabajan en la doble vía de lo urgente e importante. Mientras van apagando incendios, simultáneamente están poniendo grifos y canillas. Grifos y canillas que, justamente, evitarán llegar a otros incendios. O lo que es lo mismo, viven en la angustia del presente que les consume todo el tiempo y la energía. La responsabilidad es operar simultáneamente en el presente y en el futuro. Proyectos independientes de la coyuntura. Iniciativas impolutas de la toxicidad diaria. Trabajar solo en el presente es de miopes. Trabajar solo en el futuro es de utópicos. Trabajar en la doble vía es de responsables, comprometidos y visionarios.

CM: "De un futbolista talentoso, trabajando, puedes hacer un atleta; de un atleta solo se puede hacer un atleta mejor".

GC: El trabajo constante puede disimular la ausencia de talento. Y cuanto más grande es, más lo disimula. Pero basta que aparezca un talento en serio para que la diferencia se note al instante. El talento tiene el condimento diferencial y lo puso la cuna, los padres, la genética. Ese no puede clonarse (por lo menos hasta hoy). La carrera de la innovación científica lo refutará dentro de unos años.

CM: "Yo me siento torero, no banderillero".

GC: Usted se refiere al protagonismo que deben tener sus equipos en un partido y es muy clara su metáfora.

Además, me permito agregar una interpretación personal, paralela, acerca de "torero"-"banderillero" que excede lo que usted quiso decir: creo que es bueno que el "torero" también sea "banderillero" (Messi corriendo de atrás un adversario y lanzarse al suelo para robar el balón, por ejemplo); tanto como un "banderillero" sienta, en ese equipo, que su rol secundario es el sostén de cualquier rol primario y que sin ese banderillero todo el resto se desmorona.

CM: "Tu obligación no es ser campeón del mundo, tu obligación es saber cuál es la idea de juego".

GC: El gran filósofo romano Séneca decía que *ningún viento es favorable para quien no sabe* a qué puerto se encamina. Si no sabes algo tan básico, tan de punto de partida, es posible que vayas a mano y contramano, anulando cada avance con claros retrocesos. Donde la visión del punto de llegada es clara y compartida, los esfuerzos para llegar a él tienen más sentido para quienes lo practican. Cualquier esfuerzo es vacío si la carrera no tiene dirección. Haces como el perro, corres mucho pero terminas haciéndolo en círculo y mordiéndote la cola. La idea de juego es la brújula que nos orienta cuando quedamos perdidos tras un mal resultado.

CM: "Como dijo Hipócrates: 'Quien solo sabe de medicina, ni de medicina sabe'. Y, como estamos hablando de fútbol, decimos: 'Quien solo de fútbol sabe, ni de fútbol sabe'".

GC: Celebro la coincidencia. En el libro *Guardiola, el ladrón de ideas* escribí: "Un entrenador no puede ser experto en bioquímica, innovación, realidad virtual, neurociencia, futurismo, robótica, realidad aumentada o nanotecnología, como lo será en táctica y técnica. Sin embargo, si solo sabe de táctica y técnica será un entrenador desadaptado al siglo XXI. En las redes sociales me consultan, a menudo, sobre "libros de táctica" para leer. Siempre recomiendo lo mismo: "libros de fútbol". Que hablen de táctica pero también de liderazgo, motivación, neurociencia, innovación, creatividad, trabajo en equipo. En la cancha se responde como un todo, por eso es necesario entenderlo como un todo. El fútbol es holístico.

> "Menotti es una excelente persona y un gran técnico"
> (Jorge Higuaín, exjugador)

CM: "Ramón (Díaz) era 10 y lo puse de 9 para que pudiera jugar con Diego (Maradona)".

GC: Los muy buenos siempre adentro, como Brasil del 70.

Así la contaron los chicos del blog *Pasión Fulbo*: "El conjunto *verdeamarelho* se había consagrado, en Suecia 58 y Chile 62, con Pelé como figura excluyente, pero llegaba a México con sed de revancha por el sinsabor que se había producido en Inglaterra 66, donde perdieron contra muchas patadas y planteos defensivos. Algunos meses antes de la cita mundialista, en un partido amistoso, el por entonces técnico Saldanha, dejó en el banco a O'Rei y solo le dio unos minutos en cancha. Ante la presión popular del pueblo, que quería ver bailar con la pelota a su máximo ídolo, João Havelange se vio obligado a sustituirlo por Mario Zagallo. Lo primero que hizo el nuevo entrenador fue juntar a los 5 y decirles que no podía sacar a ninguno y que, por el contrario, quería formar una delantera temible con todos ellos: Pelé (Santos), Jairzinho (Botafogo), Gerson (San Pablo), Tostão (Cruzeiro) y Rivelino (Corinthians)".

CM: "El problema no es por qué echan a los entrenadores, sino el que no sepan para qué los contratan".

GC: A veces me da la impresión que se contrata más por lo coyuntural que por lo esencial. Lo coyuntural se refiere a lo que está ocurriendo en determinado plantel. Lo esencial es la filosofía futbolística que está impregnada en ese club. ¿Un ejemplo de coyuntural? Recuerdo claramente un equipo grande de Argentina de los años 80. Al parecer, llegó un momento en que la disciplina se había tornado un poco laxa. Cuando a ello se sumaron malos resultados, el club fue directamente a contratar un entrenador con fama de disciplinador. Y en eso (coyuntura) fue una elección correcta. El tema es que el estilo de juego del entrenador no se vinculaba con el paladar histórico del club (filosofía). ¿Resultado?

Ese gran entrenador no era un entrenador para ese club. Su cargo duró poco tiempo. La coyuntura no puede obnubilar los valores fundantes de un equipo de fútbol. En todo caso, esa búsqueda merecía un entrenador que respete su historia futbolística y que, además, supiera ejercer la disciplina que se demandaba.

CM: "Yo creo que Pep es el Che Guevara del fútbol. Siempre decía que el revolucionario gana o muere en la pelea y, como él, su idea es inquebrantable y no la va a modificar nunca: quiere jugar bien, quiere adueñarse del espacio y de la pelota. Y quiere manejar los tiempos del partido".

GC: Yo creo que se mantiene inquebrantable en sus ideales, pero se ha vuelto más pragmático en los métodos que lo acercan a sus ideales. ¡Y creo que eso es bueno!

CM: "Cuando se fue Sabella hubiese recomendado a Guardiola para que lo reemplace. Y le hubiera puesto 3 entrenadores jóvenes de acá, detrás de él, pensando en el futuro, aprendiendo y que, mientras tanto, viajaran a ver los entrenamientos de la selección de Alemania, de Estados Unidos y de muchas otras".

GC: ¡Que curiosidad! El mismo Guardiola es el que sostiene que la selección de Argentina (y también la de Brasil) solo deben ser dirigidas por entrenadores locales.

Sin embargo, es posible pensarlo también en estos términos: ser entrenado por un extranjero que sepa entrenarlos como brasileños y argentinos. Y nunca por un brasileño o un argentino que los entrene y los haga jugar como extranjeros. Porque también ha habido argentinos y brasileños que han sido "extraños" en su propia tierra. Es decir, tienen que ser entrenados por aquellos que mejor representen la filosofía cultural que tiene el juego en su país. Que la selección represente una forma de sentir, de pensar y de jugar. Que haya una coherencia entre lo que se ofrece (entrenadores-jugadores) y lo que se desea (fans-simpatizantes). En síntesis, se puede no respetar ni nacionalidad ni cultura. Se puede respetar nacionalidad y no cultura. También viceversa. Tite, el entrenador de Brasil, entiende el juego "a lo Brasil": "Pertenezco a esa escuela de juego de apoyos, de asociación, de triangulación, de cambiar pases y de la creatividad en el último tercio del campo. No me importa tener un equipo con menos fuerza y sí con más movilidad, con transiciones ágiles y rápidas".

Si tengo que elegir entre nacionalidad y cultura, me quedo con cultura. Y le doy un ejemplo muy claro: usted mismo podría haber interpretado mejor el fútbol brasileño que, al menos, un par de técnicos de su país desde los noventa a la fecha. Por supuesto, la mejor combinación es aquella que respeta ambas.

NACIONALIDAD	CULTURA	OPCIÓN
X	X	Mala
O	X	Regular
X	O	Buena
O	O	Óptima

CM: "Barcelona fue el mejor equipo de los últimos 30 años. Y Guardiola es el mejor entrenador de los últimos 30 años".

GC: Se ha dicho mucho sobre Pep. Valdano dijo que es el "Steve Jobs del fútbol". Yo mismo dije, en *Guardiola, el ladrón de ideas*, que por su carácter inventivo e innovador "es el Edison del fútbol" (en honor a ese genial inventor). Quizá las palabras más representativas de lo que significó Guardiola, las haya dicho Diego Latorre: "Nunca hubo este grado de preguntas sobre el juego. Guardiola discutió los moldes del fútbol, los rompió. Había reglas bastante estrechas y de repente vino alguien y las rompió. Por todo lo que provocó, debe ser así nomás. En todo el mundo jugando "juego de posición" y, además, provocando la invención táctica en sus rivales para intentar neutralizarlo. Como dijo irónicamente Marcelo Bielsa: "Guardiola le hizo mucho daño al fútbol porque, sin quererlo, inventó un sistema que es como se le defiende a un equipo de Guardiola".

> *"Menotti es uno de los mejores entrenadores de la historia del fútbol mundial"*
> *(Fernando Signorini, expreparador físico personal de Diego Maradona, expreparador físico de la selección argentina)*

CM: "Busquets es el mejor cinco de los últimos 50 años. Cuando la pelota le llega ya tiene todo escrito en la cabeza".

GC: Algún día la neurociencia podrá "saber" cuántas opciones tiene un "Busquets" en su cabeza y cuántas un jugador promedio. Cuando todas esas informaciones puedan saberse, cambiará el prisma sobre el cual se analizan los datos actualmente. Se analiza en función de lo que se ejecuta; pero podrá analizarse, también, en función de lo que se procesa. Cuando estas informaciones estén visibles y se generalicen, veremos cambios de posiciones y funciones en los jugadores como nunca antes, porque aparecerán patrones de rendimiento que alterarán las decisiones tradicionales de los entrenadores. Comprenderemos por qué algunos siempre se quedan en talento potencial y nunca terminan de explotar, tanto como las incorrectas decisiones de entrenadores en cuanto a la asignación de tareas en el juego.

Hace unos años ya realicé algunas predicciones que, hasta el momento de escribir este libro, no habían sido logradas:

Ellas son:

1) La máxima diferenciación se entrenará por las prestaciones que entregue el cerebro y se conocerán nuevas formas de entrenarlo. Como una evolución de los métodos de deprivación sensitiva, merced a los indetenibles conocimientos y tecnología con que cuenta la neurociencia, surgirá el método de Deprivación Cerebral Selectiva (DCS). Se sabe, desde la neurociencia, que cuando una zona se encuentra afectada, otras zonas menos específicas salen al rescate de la zona afectada para cumplir la misión especializada que tenía esa zona. De esa forma, el cerebro será especialista en todo, ya que se deprivarán las zonas pertinentes a cada tarea, se expandirá el volumen de masa cerebral capaz de llevarla adelante, que luego se integrará virtuosamente cuando se vuelva a reintegrar el normal funcionamiento de la zona deprivada. Así para cada una de las zonas y cada una de las tareas específicas. Así, entre muchos otros ejemplos, se podrá deprivar del hipocampo, de quien depende la memoria de largo plazo, obligando así al jugador a encontrar nuevas respuestas que suplanten los aportes de los cuales se encarga el hipocampo; como también los ganglios basales, ya que ellos son los que toman decisiones muy rápidas en base a patrones de conductas que ya están programadas.

2) En un futuro, en los entrenamientos (y también en competencia), los jugadores llevarán incorporado un dispositivo electrónico biointegrado que irá reportando, en tiempo real, los niveles de glucógeno y lactato, dopamina y noradrenalina, entre otros miles de datos bioquímicos y neurales, para que puedan ser monitoreadas las cargas, más allá de las mediciones que se hacen hoy a través de los GPS, acelerómetros, girómetros, etc. Importará tanto el impacto fisiológico como la medición estadística; y en el entrecruzamiento de datos, se podrán obtener decisivas conclusiones respecto de las cargas de entrenamiento y los niveles de rendimiento en el juego.

3) En un futuro los equipos de expertos en neurociencia regularán, entre otros neurotransmisores, la dopamina cerebral de los jugadores para estimular su impulsividad en caso de trastornos de ausencia o viceversa. Esa regulación dependerá de las características del jugador, de los oponentes directos en el juego, de la intensidad esperada del partido, del tipo de confrontación esperable, más táctica o más de lucha y decenas de otras variables que los equipos de neurociencia discutirán con el cuerpo técnico. Se sabe que tenemos diferencias en la impulsividad y que estas diferencias se deben a variaciones en distintos elementos del sistema dopaminérgico. Un componente muy importante de este sistema parecen ser los receptores D2. Estos receptores se encuentran en las neuronas presinápticas y detectan las concentraciones de dopamina de manera que detienen su liberación. Los investigadores han encontrado que los cerebros de las personas impulsivas tienen menos receptores D2, o receptores que funcionan peor, lo que viene a significar que no hay freno a la liberación de dopamina. Los cerebros impulsivos liberan unas cantidades desproporcionadas de dopamina. Debido a que no es práctica común y aún faltan unos años para ello, en mis asesorías suelo aconsejar sesiones especiales de juegos y/o ejercicios en los cuales están presentes la activación y desactivación máxima y repentina: sesiones en las cuales, por ejemplo, el futbolista pasa en pocos segundos de practicar boxeo (máxima activación), a ejercitarse en yoga (máxima desactivación) y viceversa. Para los poco excitados, las cargas se alternan poniendo foco en la primera actividad; mientras que para las sobreexcitados, en la segunda actividad. De esta forma, los futbolistas aprenden a modular de forma repentina sus emociones y las tensiones,

llevándolas de un extremo al otro. Además, resulta una práctica novedosa y desafiante para el futbolista.

Por otra parte, ¿quién dice que el día de mañana no puedan desinhibirse los lóbulos frontales (o atenuar su incidencia) a favor de un jugador más desinhibido y espontáneo (lo que también puede redundar negativamente en un jugador menos obediente tácticamente y más propenso a infracciones fuera del reglamento)? ¿Quién dice no pueda ser exactamente al revés?

4) Veremos, en pocos años, jugadores que entrenarán con cascos diseñados a tal efecto (más adelante aún ni serán necesarios) con los cuales se estudiará el nivel de activación que tiene esa unidad de entrenamiento en el cerebro, sabiendo así, por ejemplo, si llegó a activar los circuitos de recompensa (motivación) en forma correcta. Así, de una planificación fisiológica pensada para los impactos orgánicos y musculares, pasaremos a una planificación que contemple lo anterior pero como complemento a una planificación pensada para el cerebro, que es donde podemos medir los impactos cognitivos y emocionales. Esos cascos serán tan habituales como lo son hoy en día los chalecos con GPS, acelerómetro, etc.

5) Finalmente tendremos la presencia de robots humanoides con los cuales cada jugador dispondrá de entrenamientos individualizados, de acuerdo a las propias necesidades y deseos en concordancia con las pretensiones de juego que tenga el entrenador principal para ese futbolista. Los robots serán parte de la cotidianeidad en cualquier esfera de la vida y también en el fútbol. Los entrenamientos enfrentando a robots humanoides generarán más oposición y dificultades, obteniendo mejores prestaciones del entrenamiento y mayor nivel competitivo, en consecuencia, que los entrenamientos y partidos de práctica actuales.

CM: "Siempre hay que tener en cuenta que lo más importante en la tarea de un entrenador es la preparación individual de sus jugadores. Si vos tenés un soldado que tira bien desde 60 metros con el fusil, que además tira granadas, que maneja autos y que conduce aviones; bueno, vos como jefe de la tropa no tenés problemas tácticos. Ese soldado está preparado para cualquier respuesta que haya que dar. Ahora, si vos tenés un soldado que tirando desde 10 metros no le pega a una casa, que cuando tira

granadas se olvida de sacarle la espoleta, de qué te vale el planteamiento táctico".

GC: Claro, el futbolista del presente, y más aún el del futuro, debe dominar muchas herramientas. Citemos, por caso, los defensores laterales. Primero que ya no deberían ser más denominados en esa forma: ya no son más defensores. O no son exclusivamente defensores. Son defensores y atacantes en igual medida. Y a veces, hasta son más atacantes que defensores. Aclarado esto, el defensor lateral moderno "tira con el fusil, tira granadas, maneja autos y conduce aviones": debe ser bueno en la salida del balón para superar la primera línea de presión, debe saber atacar como exterior tanto como interior, debe llegar como extremo cuando este ocupa los pasillos interiores. Y ya son muchos los que llegan hasta el área para culminar la jugada. Cuando un jugador se vuelve tan polivalente, los planteamientos tácticos se vuelven exponenciales. Cuando un jugador está restringido de herramientas, el planteo táctico se marchita en opciones y queda reducido a muy pocas expresiones, la mayoría de ellas, muy previsibles para el oponente.

CM: "Con los preparadores físicos tengo ciertos y fundados reparos. No porque tenga algo particular contra ellos sino porque en un elevadísimo porcentaje tocan de oídos. Quiero ser sincero en este tema porque tal vez sea la única manera de aportar algo. El preparador físico (con las excepciones que existen y muy valiosas) sabe la verdad a medias de todo: de fisiología porque no es fisiólogo; de fútbol porque nunca jugó ni nunca hizo las experiencias ni los estudios que tiene que hacer un entrenador; sobre el funcionamiento muscular porque estudia dos años mientras que un médico deportólogo lo hace durante ocho o nueve años. No están especializados en fútbol, pueden ser preparadores físicos en atletismo, básquet, rugby, boxeo... Hay que saber mucho de fisiología para hablar en serio de preparación física. Por eso digo que lo mejor es que de ese tema se hagan cargo el entrenador y el médico o, en todo caso, un preparador físico especializado en fútbol".

GC: Trabajé muchos años de preparador físico de fútbol y si hubiese leído esta sentencia en el mismo momento que usted la dijo, en verdad, sí que me hubiese ofendido. Y la razón es muy simple: usted estaba en este futuro y yo apenas en ese presente.

Usted dijo "preparador físico especializado en fútbol" y se adelantó muchos años en esto. En ese entonces, la preparación física se basaba mucho en el atletismo. Hoy, los preparadores físicos que no saben trabajar la preparación física específica de fútbol, no trabajan en el fútbol de alto rendimiento. El preparador físico de fútbol debe saber tanto de fútbol como el entrenador o el ayudante de campo. Llega un determinado momento que, un preparador físico no se hace mejor sabiendo de músculos, enzimas, fosfatos o glucólisis (aunque debe saberlo claro). Se hace mejor sabiendo de táctica y entendiendo en profundidad el juego.

Pero supongo que, como toda evolución, fue necesario pasar por esa preparación física descontextualizada, "atletizada" para llegar hoy a este estadio de plena contextualización y "futbolizada".

Entender su pensamiento hoy, más de 30 años después, es bastante más probable de comprenderlo que entonces. A veces, la posibilidad de entendimiento no depende tanto de lo que se dice, sino en qué tiempo están ubicados los interlocutores: pasado, presente o futuro. Usted estaba en el futuro.

CM: "Yo soy de los que creen que, sacando a Messi, hay tantos buenos jugadores acá como los que están en Europa. Sacá a Messi. Pero con los demás, que son buenos jugadores, acá también hay para hacer una selección, entrenando los lunes y martes. Es más, creo que son mejores".

GC: Se puede llegar a coincidir, César. Ocurre que "los mejores de acá, están pronto a ser jugadores de allá". Entonces, esa selección local también tendría una transitoriedad recurrente. Ello no implica que no pueda hacerse. Pero será una selección que siempre estará eyectando jugadores. Pero coincido en plenitud, todo lo que pueda hacerse antes que emigren será siempre mucho mejor que no haber hecho nada. Carlos Queiroz, como entrenador de Irán, dijo algo que concuerda: "Si en lugar de diez meses dispones de seis, entrenas seis meses; y si en lugar de tener dieciocho jugadores tenemos tres, entrenamos con tres. Y si tuviera que entrenar con uno, entrenaría con uno. El entrenamiento de uno aportará algo que si no entrenase no podría aportar".

CM: "El chico del potrero respondía a una exigencia de la sociedad que lo obligaba a la picardía, al atrevimiento. Y jugaba al

fútbol de la misma forma, con picardía para anunciar una cosa y hacer otra, con atrevimiento para imponer y defender ese estilo del que hablamos, con libertad para inventar siempre algo que sorprendiera".

GC: El bendito fútbol de calle. El añorado fútbol de calle. El verdadero laboratorio natural del talento. Pero si hasta los alemanes están preocupados y conscientes de su necesidad. ¡Si, aunque no pueda creerlo, los alemanes! A las pruebas me remito. Oliver Bierhoff, director de selecciones de Alemania llegó a decir: "No producimos suficientes futbolistas porque el entrenamiento se ha formalizado demasiado. Necesitamos espacio para los individualistas. Incorporar de nuevo el fútbol callejero y con él, la creatividad y el disfrute de nuestros jugadores".

CM: "El compromiso con Tapia (presidente de la AFA) fue que solo voy a dar mi opinión cuando lo requieran".

GC: La sabiduría siempre es mejor si es requerida que si es impuesta. Hasta cambia el valor del consejo (aunque sea el mismo) si es solicitado o si es ofrecido.

CM: "Si tuviera que simplificarlo diría que el argentino tiene la técnica del jugador brasileño y el carácter del uruguayo. Por eso es una raza especial de futbolistas".

GC: Hermosa alquimia. Bendita alquimia.

CM: "La pregunta que hay que hacerle a un entrenador de inferiores es cuántos jugadores preparó para Primera División, porque ese tiene que ser su objetivo con exclusividad".

GC: Acá es necesario llegar a un gran consenso internacional que baje un intenso y claro mensaje desde la FIFA hasta las distintas asociaciones nacionales, provinciales y municipales. Y ese mensaje debe llegar a entrenadores sí, pero también a padres y dirigentes para que todos abracen la misma causa.

CM: "En el fútbol hay riesgos, porque la única manera de evitar la toma de riesgos en un juego no está jugando".

GC: Como dijo Mark Zuckerberg, fundador de Facebook: "En un mundo que cambia muy rápido, la única estrategia que garantiza que fracasarás es no correr riesgos".

CM: "Sostengo que un equipo es, ante todo, una idea. Más que una idea, es un compromiso; más que un compromiso, es la convicción de que un técnico debe transmitir a sus jugadores para defender esta idea".

GC: En general suelo escuchar a los entrenadores hablar de convencer al jugador. Creo que es exiguo. Creo que es mejor apasionar al jugador. Ello otorga una entrega emocional extra que el convencimiento no puede lograr. A lo largo de mi carrera como consultor/coach/mentor he visto y estudiado a cientos de personas. Si tuviera que hacer una metáfora numérica diría que los "convencidos" pertenecen a una raza de los "7 puntos". Consiguen buenos resultados, son eficientes, logran los objetivos. Pero los "apasionados" son una raza de los "10 puntos" porque están igual de convencidos, pero además están dispuestos a entregar ese "plus" que hace la diferencia entre un logro a secas y la gloria. Hay en estos "apasionados 10 puntos" una participación emocional que los hace alcanzar rendimientos extraordinarios.

CM: "Yo no podía entender cómo Coutinho (se refiere al compañero de Pelé en el Santos de Brasil) —a pesar de su lentitud física— resolvía favorablemente frente a los stoppers de Europa, que eran mucho más ágiles que él. Me di cuenta de que Coutinho fue creando autodefensas —por llamarlo de algún modo— para poder competir y ganar a pesar de su físico. Resulta que viéndolo y viéndolo mucho, me di cuenta de que apenas manejaba un pasito para sorprender".

GC: El fútbol parece que hubiese sido pensado por Charles Darwin. Es decir, o evolucionas o desapareces. El mismo juego obra como presión selectiva para hacerte evolucionar. A los lentos los obliga a ser más inteligentes. Porque el fútbol suele no admitir la ausencia de inteligencia y velocidad a la vez. Las autodefensas que usted menciona es la presión selectiva de Darwin. Si Coutinho no hubiese evolucionado, otro delantero hubiese jugado al lado de Pelé.

Este es el gran desafío del entrenador: diseñar los entrenamientos para que, la presión selectiva que ejerce esa práctica, obligue al futbolista a evolucionar. Es un desafío para el entrenador de Primera División, pero también es un desafío que deben comprender los entrenadores de fútbol infantil.

> *"Menotti es un adelantado del fútbol"*
> *(Daniel Willington, exfutbolista)*

CM: "En la formación del jugador es fundamental la respuesta de la personalidad. Hay que preparar hombres que piensen, que sientan y que ejecuten, cualesquiera sean las circunstancias. Por eso el entrenador tiene que empeñarse en mejorar él como maestro, para el mejoramiento de las individualidades en todos los aspectos: en lo táctico, en lo técnico, en lo psicológico, en lo cultural, en todo".

GC: Es muy interesante porque deja muy en claro que la evolución del jugador va a estar atada, indefectiblemente, a la evolución del entrenador. Para poder mejorar al jugador debe mejorarse a sí mismo. Porque las limitaciones que no pueda superar como entrenador, serán las mismas limitaciones que tiene el jugador y que él no podrá ayudar a superarlas.

CM: "La selección necesita un proyecto y después buscar un entrenador".

GC: Primero la visión y la misión. Luego todo lo demás. Y ello incluye la persona indicada para llevar adelante la visión y la misión.

CM: "Houseman es de esos que no mueren nunca. Es como los ángeles de la inspiración. En cada gambeta, en cada túnel, estará siempre presente".

GC: Aprovecho que menciona a Houseman para, en su nombre, hacer honor a todos los grandes habilidosos, gambeteadores y atrevidos del fútbol argentino.

CM: "Los indios nunca trabajaban en el sentido que a esa palabra le damos nosotros. Este concepto es el producto de una determinada organización de la sociedad, donde queda absolutamente separado el trabajo de la diversión. Trabajar es sufrir. Claro, las clases dominantes nos dicen que la vida es dura y hay que sacrificarse para que lo entendamos como lo natural y nunca cuestionemos por qué hay que sufrir siempre y mucho, divertirse poquito y mal. Entonces si alguien trabaja pero disfruta al mismo tiempo, como los artistas y en general los creadores, pensamos que no es trabajo".

GC: Interesantísimo.

Llevo mucho tiempo estudiando los procesos que rigen la vida de los artistas y los creadores. Y aunque no me alcance la capacidad para estar en esa categoría, también, introspectivamente, me estudio a mí mismo en mis procesos creadores.

Lo que he descubierto es que no es goce o sufrimiento. No es esfuerzo o diversión. ¡Es ambas a la vez!

Hay cansancio, esfuerzo, frustración y agotamiento. Pero la sensación es placentera. Porque al final llegás a darte cuenta que estás cansado y agotado, pero en el mientras tanto se fluyó naturalmente, tanto que ni siquiera vas siendo consciente de esas consecuencias. Y cuando eres consciente del agotamiento, mirás hacia atrás y has estado componiendo o escribiendo por más de cuatro horas sin pausa. Hay una infinita productividad ahí. Hay un goce que te hace producir más que ningún método. Y que, además, te deja un cansancio feliz.

Parir una pintura, una canción, un libro requiere un esfuerzo inconmensurable, pero es un esfuerzo gozoso. Es justamente ese goce el que te permite estar cuatro horas consecutivas escribiendo sin siquiera levantarte para ir al baño, cuatro horas donde ni siquiera logras darte cuenta de ello, cuatro horas que "se pasan volando" (y muchas veces son más de cuatro horas).

Algo de esto, creo, deberíamos lograr en el entrenamiento de nuestros jugadores.

CM: "No hay que caer en actitudes como la de esos críticos que van a ver un concierto de guitarra y cuando termina opinan: 'Sí, estuvo bien, pero en el segundo compás pifió un re'. Eso no es honrado. Si seguimos a Paco de Lucía para esperar que alguna vez se equivoque, seguro que lo vamos a conseguir. Claro que se equivoca".

GC: El mundo va cada vez más en esa dirección. Los "no hacedores" encontrando los mínimos detalles de error en los "hacedores". Aquí bien vale repetir lo dicho con anterioridad: siempre habrá gente que te cuestione solo por el hecho de intentar superar su complejo de inferioridad: cuestionándote, tienen la falsa ilusión de creerse superiores. Ante personajes de estilo destructivo es necesario (porque es lo más sano) seguir el título de un libro de Sampaoli: *No escucho y sigo*.

CM: "El entrenador necesita tener un ayudante, un segundo entrenador, porque es la persona indicada para despejar sus dudas. Si el entrenador no tuviera dudas sería un imbécil, y ¿con quién las va a conversar?".

GC: Los entrenadores necesitan ese espacio de diálogo y ese entrenador puede ser la persona adecuada, siempre y cuando evite el "síndrome del SI CONTINUO". Es decir, es alguien con el cual el entrenador no puede dialogar en el mejor sentido de la palabra, jamás será interpelado, jamás recibirá un disparador que lo ponga a pensar en dirección contraria a la habitual. Si eso ocurre, esa persona puede ser un gran ayudante pero jamás la persona con la cual ese entrenador principal pueda crecer. Se crece con los que nos desafían, nos interpelan, nos instalan temas en el inconsciente, problemas o alternativas en las cuales jamás habíamos pensado. Si esa persona no puede sacudir y hacer temblar al entrenador principal, no es la persona correcta para que pueda crecer. Esa persona debería ser, casi, como un coach y aquí quiero dejar las palabras de Tom Landry al respecto: "Un coach es la persona que expresa lo que no quieres oír, que te hace ver lo que no quieres ver para que puedas ser quien siempre has sabido que puedes ser".

Siempre he creído que la lealtad es una condición indispensable que debe contemplar un entrenador en jefe a la hora de elegir sus colaboradores. Pero cuidado, la lealtad por sí sola no te hace crecer. Es necesario encontrar los leales de doble lealtad. Es decir, aquellos que no te van a traicionar, pero que tampoco se van a traicionar a sí mismos (y de esa forma serán capaces de decirte siempre aquello que piensan, aun a riesgo que el entrenador principal piense distinto).

Una vez que tienes colaboradores de "doble lealtad" es necesario que transiten por el camino (y tengan el "código") que implique la triple lealtad: todo lo que no se coincide se dice en privado y todo lo que coincide se dice en público. El ámbito de lo privado debe recoger (y guardar para sí) todas esas situaciones de sano conflicto que hacen crecer a los cuerpos técnico.

CM: "La autoridad se gana, no se impone".

GC: Claro. El futbolista es muy inteligente y sabio para manejar los tiempos. La autoridad impuesta la aceptará mientras le vaya reportando triunfos. Apenas ese entrenador caiga derrotado, buscará las formas para dejar de soportarlo.

Mientras que, cuando el entrenador se gana la autoridad, ese jugador estará dispuesto a sostenerlo durante más tiempo, inclusive hasta cuando ciertos resultados estén fallando.

En ningún caso el sostén será indefinido, pero la autoridad impuesta siempre tendrá un vuelo más corto que la autoridad ganada.

Imponer la autoridad es un ganar a la fuerza. Momentáneo. Fugaz. Fuerte en su apariencia, débil en su profundidad. Ganarse la autoridad es todo lo contrario. Puede parecer débil en su apariencia pero es fuerte en su profundidad. Hay lazos de respeto y de admiración que en las otras formas se "ganaron" a través del miedo y el autoritarismo.

CM: "El entrenador tiene que saber que la única manera que hay para ganar respeto es a través del afecto. La afectividad es el primer paso que debe tener cualquier tipo de relación. El afecto del que hablo significa la posibilidad, para cualquier jugador, de plantear todo lo que le parezca referido al normal funcionamiento de las relaciones del grupo. No, en cambio, en cuanto a las determinaciones futbolísticas, porque eso le atañe exclusivamente a la responsabilidad del entrenador. El afecto es la posibilidad de diálogo, es enseñarle al jugador a preguntar por qué, es el respeto que significa la explicación de una decisión que nunca debe ser caprichosa".

GC: De acuerdo. Porque además, el camino del afecto es el camino de entender mejor la naturaleza del ser humano. Antes que seres racionales, somos seres emocionales.

CM: "Excepto con Guardiola, Messi siempre salvó al Barça".

GC: También estoy tentado a decir que, excepto con Phil Jackson, Michael Jordan siempre salvó a Chicago Bulls. Y esto tiene una fuerte resonancia en la necesidad de íntima complementariedad entre el entrenador y la máxima estrella. Y además de ellos en la construcción de un equipo del estilo "la pelota no siempre al 10". Tanto Jackson como Guardiola construyeron equipos donde la fuerza del equipo como tal, radicaba en el mismo equipo; siendo, a la vez, motivo de brillo individual del jugador. Es decir, ese nivel superlativo de Barcelona o Chicago Bulls lograba a la vez dos cosas: evitar la dependencia absoluta del jugador estrella sin opacarlo. Con ellos, la figura de Messi o de Jordan no era necesario que funcione en modo "salvador". Cuando esto ocurre, la sensibilidad del entrenador para elegir y colocar las piezas del puzzle es bien elocuente. Paradójicamente, es en el brillo individual atado firmemente al brillo colectivo donde estás estrellas fueron más triunfadoras.

Como suele decir Marcelo Bielsa: "Nunca entiendo que una necesidad del equipo se resuelva a través de un solo futbolista". Y está muy claro en los ejemplos anteriores Jordan-Jackson-Bulls y Messi-Guardiola-Barcelona. Las dependencias excesivas en un determinado futbolista eximen, excesivamente, responsabilidades del resto de los futbolistas. Y un jugador que se siente eximido, en cierta manera inconscientemente, también se siente secundario. Y nadie que se sienta secundario puede entregar el máximo de su potencial.

CM: "Todo el estadio, el comentario en los pasillos, era el de la consagración más grande de un futbolista en un partido. No debe haber recital de un músico, discurso de un político, que se haya pasado tantas veces en la televisión del mundo. Parecía que Diego había caminado por Florida. Es muy difícil que una gambeta no incluya el roce. Puede ocurrir en la primera gambeta, pero en la segunda te vienen de a dos o tres y te rozan. Acá Diego les pasó a todos a medio metro, con mucha limpieza".

GC: Que bella forma de describir el mejor gol de la historia de los Mundiales. El de Maradona a Inglaterra en México 86.

CM: "La selección fue vendida: van a jugar con Brasil y van a Australia. No jugó nunca con una selección de una provincia. ¡Sabés lo difícil que era ir a jugar contra la selección cordobesa! Hay muchos buenos jugadores en la Argentina... A mí me da mucho miedo porque creo que están sostenidos apenas por la genética".

GC: ¡Y a veces esa selección de Córdoba es mejor que algunas selecciones del mundo! (dar nombres aquí sería irrespetuoso). En el plazo que media entre Mundial y Mundial, una "selección de todos" debiera jugar al menos un amistoso con cada una de las selecciones de provincia que componen la Argentina. Hay un valor deportivo ahí, pero también un valor emocional.

CM: "**Cuando el entrenador no logra que el jugador extrañe el entrenamiento, tiene que preguntarse qué es lo que no anda**".

GC: Por regla general, cuanto más se acerque el "amor de un martes" al "amor de un domingo", más cerca estará ese entrenador de haber logrado ese objetivo. Ahí entra mucho a tallar la combinación que el entrenador debe lograr entre creatividad, innovación, empatía y mejora del rendimiento. Es decir, el entrenamiento debe generar curiosidad (¿qué entrenaremos hoy?, ¿cómo lo entrenaremos?), satisfacción (sensación de plenitud) y expectativa de mejora (me voy del entrenamiento mejor de lo que vine).

Un entrenador normal logra alguna de las tres variables aisladas. Quizá logró curiosidad pero ni satisfacción ni expectativa de mejora. Si vas a ilusionar a un jugador, más vale que le cumplas. Si no eres capaz de ello, al menos, no lo ilusiones.

Un buen entrenador logra integrar dos variables, pero no logra ese concepto del mundo de la empresa conocido como "satisfacción total" del cliente. Quizá logró curiosidad ("el jugador llegó con ganas"), logró una cierta sensación de plenitud ("el jugador disfrutó el entrenamiento") pero no logró que se fuera mejor de lo que llegó.

Un gran entrenador es el que consigue las tres. Este tipo de entrenadores no solo consigue la "satisfacción total" del jugador, sino que además lo enamora. Porque hoy, ya no alcanza con satisfacer, el objetivo es enamorar. No es necesario aclarar aquí las respuestas que se obtienen de una persona que está satisfecha con las que se obtienen de una persona que está enamorada.

CM: "**Yo iba al colegio nocturno, al Industrial N° 4 y cuando murió mi papá, en septiembre del 55, dejé de ir y quedé libre por faltas, y ellos me obligaron a rendir las materias. Yo estaba mal. Era una edad confusa, empecé a juntarme con gente grande, a ponerme trajes, me peinaba a lo Gardel para que me dejaran entrar a los lugares. A mí me salvaron dos cosas en ese momento: aquella casa de los Rena y ser un enamorado del boxeo. Tirar guantes me permitió escuchar comentarios como: "Este era un crack pero el chupi lo perdió". Y yo empecé a decir: "Puta, si quiero ser algo en la vida, tengo que cuidarme".

GC: Me hizo acordar mucho a declaraciones que vi de Michael Jordan en la maravillosa serie *The last dance*. En el reciente libro que acabamos de escribir junto a mi amigo Marcelo Roffé, exsicólogo de la selección colombiana y argentina en los procesos de José Pekerman, llamado *La pelota no siempre al 10 (ni al 23)*, escribo lo siguiente (y se encuentran muchas analogías con lo que usted dice): "Entre sus hábitos, siempre se destacó escuchar con respeto las palabras de los mayores. Ellos aportan templanza y sabiduría. Justo dos atributos indispensables si te toca ser una gran celebridad. Recordemos: escuchó a su madre cuando lo 'obligó' ir a la reunión de Nike. Escuchaba mucho a su padre, quien estaba siempre a su lado. Buscó (¿consciente o inconscientemente?) escuchar a una nueva persona mayor que él. Dijo Jordan: 'En ese momento pasaba mucho tiempo con mis muchachos de seguridad. Con Gus. Se convirtieron en mi sequito. Sabía que la madurez que obtenía de ellos, me ayudaría a tomar buenas decisiones. Necesitaba hombres mayores, buenos, de mente abierta para que me mantuvieran enfocado'. Somos un producto de nuestro talento, pero también de nuestras elecciones. 'Fue un gran protector para mí', sentenció Jordan".

Y Jordan eligió escuchar a mayores, como usted mismo lo hizo.

CM: "Una vez, contra Argentinos, el Gitano Juárez me dio un pase y se lo devolví como diciendo 'mirá lo que te di'. Y no la fui a buscar. 'A los amigos nunca se los deja solos', me gritó. ¿Qué mierda me quiso decir? ¿Quién es? ¿Homero Manzi?, pensaba (risas). Después le pregunté. 'Nada, boludo, si me das la pelota, ¿por qué no seguís para buscar la pared?', me dijo el Gitano, ¡qué grande!".

GC: Elegí también esta frase suya para reforzar el poder educativo de los "grandes". Todos sabemos la importancia del Gitano Juárez en su vida y la admiración que le profesaba. ¡¿Cómo no hacerlo!? Con enseñanzas como esta.

CM: "Maradona, cuando salga de acá vaya al hotel a concentrarse. Lo único que le pido es que no se lo diga a nadie. Si quiere coménteselo a sus padres, pero evite que se entere el periodismo. No me gustaría que se pusiera nervioso".

GC: Esas palabras valen oro porque son las que utilizó para decirle a Maradona que iba a debutar en la selección argentina.

CM: "Yo tengo la suficiente autoridad ética y moral como para venir diciendo, desde 1979, que el fútbol necesita una reestructuración, un debate más profundo y serio".

GC: Estoy seguro de dos cosas: que es así (tiene la autoridad moral) y que debe ser así (siempre es bueno debatir, reestructurar y transformarlo en un bucle indefinido. Eso hace a lo que los japonenes han realizado tan bien en el mundo de la empresa: la mejora continua).

CM: "Un equipo que tenga aspiraciones de ser un gran equipo, debe disponer de todas las variantes conocidas y descubrir todas las que permita la capacidad del entrenador".

GC: Conocimiento (para saber lo que ya se sabe) y creatividad más innovación para crear lo que no se sabe y recrear lo que ya se sabe.

CM: "Es tan perfecta la relación de Messi con la pelota que parece arte".

GC: Es arte. Puede parecerle extraño pero para mí lo que hace Messi (o hacía Maradona) es de un nivel artístico comparado a un Mozart o un Beethoven en la música, a un Picasso o un Rembrandt en la pintura, a un Shakespeare o un Kafka en la literatura.

O acaso, mejor Diego y Leo: ¿usted vio que a Mozart le obstruyan las teclas del piano, que a Picasso le muevan el lienzo o que a Shakespeare le detengan la pluma?

CM: "Messi juega de Messi. Necesita del descanso de responsabilidades. Tiene que ser la frutilla de la torta; no puede venir a batir los huevos. Tenemos que parar de pedirle todo a él. Juega de todo, de Messi, pero tiene que haber atrás de él un equipo al que pueda integrarse y no al revés".

No sabe César el alivio que sentí la primera vez que le escuché decir esto. Porque no es lo mismo su palabra que la mía. No es lo mismo la palabra de un campeón del mundo en el fútbol que de un entrenador de balonmano.

Un tiempo antes que usted hiciera esa gran metáfora ("batir los huevos") escribía (un poco en soledad ideológica) estas ideas que le comparto.

Mientras todos reclamaban, insistentemente, las sociedades para Messi, yo me permitía pensar y escribir esto: "Messi y las sociedades desmessificadas". Leía y escuchaba demasiado acerca de cómo rodear y acompañar a Messi. Mi hipótesis expresaba (y sigue expresando) todo lo contrario. A Messi hay que dejarlo solo. Solo, bien solo. Puede parecer alocado. De eso se trata innovar. Como dijo un seguidor en las redes, algo así como el triángulo ofensivo de Phil Jackson (lo inventó para evadir la memorización y favorecer la creatividad), el sistema no estaba diseñado ni para Michael Jordan (en Chicago) ni para Kobe Bryant (en Lakers). Me explico: para que deje de estar tan rodeado defensivamente, es necesario que funcionen otras sociedades de tres o cuatro jugadores. Si esas sociedades funcionan a pleno, Messi comienza a desaparecer del radar del juego. El rival duda. ¿Foco en Messi o en las "sociedades"? Cuanto más insistente es la asociación con Messi en zonas de altísima densidad defensiva ("la pelota siempre al 10"), más frustración individual (sus 1x1 son siempre 1x3 o 1x4) y la frustración individual termina en frustración colectiva porque vemos que "el mejor no puede". Y el resto, inconscientemente (no entra la razón aquí), piensa: "Si el mejor 'no puede', ¿cómo voy a poder yo?". Y comienza la escasez de atrevimientos de 1x1 y la abundancia de pases horizontales. Messi no tiene que llevar el peso del juego, tiene que llevar el peso del partido que no es lo mismo. El peso del juego lo tienen otros jugadores, como hacían Iniesta y Xavi en el Barcelona (construcción, asociación, enlace). El peso del partido lo tiene que llevar Messi (desnivel, electricidad, cambio de ritmo, definición, gol). Por eso, lo mejor son las "sociedades desmessificadas". En la medida que otras sociedades sin Messi comprometan la táctica defensiva rival, se abrirán las oportunidades (y los espacios) para que Messi explote su juego individual. Y se le iluminen espacios menos barrocos para sostener duelos 1 contra 1. Ya hemos probado lo suficiente de cómo rodear a Messi, llegó el momento de "dejarlo solo". El equipo necesita de, al menos, tres sociedades de dos, tres y cuatro jugadores. No integrar todo el equipo a Messi. Integrar un equipo sin Messi y que sea él quien se vaya integrando en esas sociedades siguiendo su natural instinto y repentina inspiración. Porque cuando se lo quiere "rodear" a Messi para acompañarlo, lo que en definitiva también hacemos es rodearlo de oponentes. Que parezca desconectado para que sea una opción disruptiva y no una opción obvia. Cuanto menos se dependa de él, más determinante será su actuación. Paradójicamente es en las "sociedades desmessificadas" donde Messi terminará siendo el socio perfecto en el momento correcto.

SOCIEDADES CON MESSI	SOCIEDADES DESMESSIFICADAS
Acompañarlo	Dejarlo solo
Foco en Messi	Foco en otras sociedades
1x3, 1x4 (densidad defensiva)	1x1 (liberación de espacios)
Integración a las sociedades por trabajo	Integración a las sociedades por instinto
Rodear a Messi (rodearlo de oponentes)	Soltar a Messi (liberarlo de oponentes)
Conectado (siempre en el "radar")	"Desconectado en apariencia" (a veces fuera del radar)
Integración obvia y recurrente	Integración opcional (pero segura) y sorpresiva

> "Deben agradecerle a Menotti y a Bielsa por lo que hicieron por el fútbol argentino"
> (Pep Guardiola)

CM: "Cuando uno permanece tantos años en el fútbol, está obligado a dejar alguna cosa que les sirva a los demás, que los ayude a pensar".

GC: Ayudar a pensar. Ese es el objetivo de este libro. Pensar sobre técnica y táctica, sobre motivación y liderazgo, sobre creatividad e innovación. Pensar sobre fútbol. Pensar sobre Menotti y Bilardo, para poder ampliar la mirada, y entender que es el deber de todo entrenador obtener una síntesis sabia e integradora de ambos. Al fin y al cabo, se trata de entender que "los bilardistas" pueden ser mejores integrando ideas de Menotti y "los menottistas" pueden ser mejores incorporando ideas de Bilardo.

GERMÁN CASTAÑOS

Su formación amplia y ecléctica le permite adentrarse en los terrenos de la creatividad e innovación aplicada al fútbol con soltura imaginativa y conocimiento del ámbito, traspasando conocimientos de un *expertise* a otro y facilitando así el acercamiento a ideas disruptivas para los procesos de innovación.

Es **Máster en Innovación** y Desarrollo Emprendedor por la Universidad de Salamanca (España), habiendo aprobado la tesis final con la hipótesis conceptual que luego terminó siendo el libro de creatividad *El pensamiento en montaña rusa*.

Es **autor de siete libros sobre creatividad e innovación** (*Ideas Vip*; *Gente positiva*; *El pensamiento en montaña rusa*; *Guardiola, el ladrón de ideas*; *Parking the bus*; *La pelota no siempre al 10*; y *Perdón Bilardo, perdón Menotti*) que se comercializaron en las librerías más prestigiosas de toda Latinoamérica, Estados Unidos y España; habiendo llegado, varios de ellos, a estar entre los diez más vendidos en sus respectivos lanzamientos en las categorías: motivación, negocios y fútbol. En distintos países de Latinoamérica, *Parking the bus* ha sido número uno en ventas en libros de fútbol.

Es *speaker* internacional con audiencias de hasta 500 personas en Argentina, México, Ecuador, Guatemala y Colombia. Disertó en los auditorios de la Federación Ecuatoriana y Guatemalteca de Fútbol; además fue conferencista en el Primer Congreso Internacional de Neurociencia en el Fútbol y en el Congreso Internacional de Entrenadores, denominado Coach Football

Motion, junto a entrenadores de las instituciones más prestigiosas del mundo y de distintas selecciones nacionales.

Es **disertante TEDx**, la plataforma Mundial más reconocida de divulgación de conocimiento e inspiración.

Es **profesor de Educación Física** y se ha desempeñado en colegios, clubes, colonias de vacaciones y otros ámbitos.

Fue **preparador físico de fútbol** y ha entrenado equipos hasta nivel Argentino B (actual Federal A).

Fue **entrenador internacional de balonmano** y ha sido campeón, más de 50 veces, en torneos locales, regionales, ligas federadas, medallas de oro (4), plata (2) y bronce (3) en TJB, Mar del Plata Cup y nampeón nacional de torneos organizados por la Confederación Argentina de Handball.

Escribió el primer libro de creatividad e innovación en el fútbol de la historia de este deporte, el cual va ya por su cuarta reimpresión.

Es **asesor, consultor, mentor y coach** de entrenadores, de equipos profesionales, de distintas ligas del mundo.

Es **inventor del "Innovation Soccer Day" y del "Innovation Soccer Week"** para entrenadores y cuerpos técnicos donde se trabajan, de forma intensiva y presencial, las herramientas de creatividad e innovación aplicadas al fútbol en técnica, táctica, entrenamientos, motivación y liderazgo.

Es **creador de la metodología "InnovaFútbol: fútbol de calle al club"**, el primer método para enseñar fútbol infantil sin necesidad de "saber de fútbol".

Es **futurista del fútbol** habiendo predicho, en su libro *Guardiola, el ladrón de ideas*, decenas de nuevos avances que ha experimentado el fútbol en los últimos años en aspectos de rendimiento como, por ejemplo, táctica, tecnología, liderazgo, reglamento o métodos de entrenamiento.

Fue **periodista de fútbol** en radios locales, comentarista invitado en transmisiones de Boca Juniors en Superliga y Copa Libertadores.

Es **inventor** de juegos de mesa y ha desarrollado versiones renovadas de clásicos como ajedrez, *go*, *senku*, de memoria estilo *memotest* y otros.

Es **diseñador de ideas y conceptos** (+1900) y ha presentado conceptos en distintas industrias: tecnología (Phillips), entretenimiento (Endemol), gastronomía (Burger King), bebidas (Coca-Cola), comunicaciones (Movistar), etc.

Es **asesor de empresas** en los procesos de creatividad interna e implementación de políticas de innovación. Actualmente conduce el área en un multimedios compuesto de TV, diario, radio y app.

Fue **subsecretario de Innovación** de la ciudad de Necochea.

Fue **fundador** del primer *newsletter* de creatividad e innovación, donde empresarios, emprendedores y profesionales, de toda Latinoamérica, interactuaban con temas afines.

Fue **fundador** de Capocheta, el primer *pay per view* de ideas por Internet.

Fue el **inventor** de los "juegos de pensamiento lateral de negocios" (plasmado en el libro *Ideas Vip*), superando así la vieja práctica de los juegos de pensamiento lateral genéricos que se usaban en las capacitaciones empresariales.

Es **integrante**, y uno de los lanzadores, del Movimiento Mundial de Metacreatividad en Argentina.

Ha **escrito artículos** sobre creatividad e innovación en medios argentinos como *La Nación*, *Clarín* y *Fortuna*, además de medios chilenos (*Innovación Chile*), españoles (*Ined*) y mexicanos (*Roastbrief* y *LitIn*).

Sus libros han sido recomendados por *infoBAE Profesional*, revista *Gestión* de HSM Group, revista *Nueva*, *Ecos Diarios*, *La Gaceta*, revista *Tendencia Hombres*, revista *Para Ti*, revista *Gente*, diario *La Voz del Interior*, *Página 99*, etc.

Es guardavidas sin ejercer.

Su frase de cabecera es: "Una idea puede cambiar el mundo. Tu mundo (del fútbol) puede cambiar por una idea".

Vive en Necochea, la mejor playa argentina.

Contacto para conferencias, seminarios, asesorías o coaching:

Email: german.ideavip@gmail.com

Web y redes sociales

Web: germancastaños.com.ar / innovafutbol.com.ar

Twitter: @germancastanos / @innovafutbol

Facebook: germancastañosOK

LinkedIn: Germán Castaños

REFERENCIAS BIBLIOGRÁFICAS

Bilardo y Menotti. Nota en sitio El Enganche: http://www.elenganche.es/reportaje/bilardo-y-menotti/

Cuando Bilardo brilló en el Carnaval de Gualeguay. Nota en sitio Mirador Provincial: https://www.miradorprovincial.com/?m=interior&id_um=207544-cuando-bilardo-brillo-en-el-carnaval-de-gualeguay-notas-del-recuerdo

Entrevista a Bilardo. Revista El Gráfico: https://www.elgrafico.com.ar/articulo/1089/34480/1995-bilardo-%C2%A8todos-los-tecnicos-son-bilardistas%C2%A8

Entrevista a Bilardo. Revista El Gráfico (1991).

Entrevista a Bilardo. Revista Libero (2018): https://revistalibero.com/blogs/contenidos/cada-tanto-veo-el-partido-me-acuerdo-de-alguna-jugada-y-lo-busco-lo-pongo-no-todo-el-partido-eh-dos-tres-jugadas-no-mas

Entrevista a Bilardo. Sitio Rock & Ball (2018): https://rockandball.com.ar/ball/carlos-bilardo-entrevista-le-mostraba-videos-a-los-periodistas-151317/

Entrevista a Menotti. Revista El Gráfico: https://www.elgrafico.com.ar/articulo/1090/5859/a-la-carta-menotti-100x100

Entrevista a Menotti. Revista El Gráfico (1995): https://www.elgrafico.com.ar/articulo/1089/34481/1995-menotti-%C2%A8todo-lo-que-dice-bilardo-es-mentira%C2%A8

Libro *Doctor y campeón. Autobiografía de Carlos Salvador Bilardo*. Autor Carlos Salvador Bilardo. Editorial Planeta (2014).

Libro *Cómo ganamos la Copa del Mundo*. Autor César Luis Menotti. Editorial El Gráfico (1978).

Libro *Fútbol sin trampa*. Autores César Luis Menotti y Ángel Cappa. Editorial Muchnick Editores (1986).

Libro *Guardiola, el ladrón de ideas*. Autor Germán Castaños. Editorial Hojas del Sur (2017).

Libro *La pelota no siempre al 10 (ni al 23)*. Autores Marcelo Roffé y Germán Castaños. Editorial Imaginante (2020).

Libro *La Pirámide Invertida*. Autor Jonathan Wilson. Editorial Orion (2018).

Libro *El partido*. Autor Andrés Burgo. Editorial Tusquets (2018).

Libro *El pensamiento en montaña rusa*. Autor Germán Castaños. Editorial VR Editoras (2015).

Libro *Yo soy el Diego*. Autor Diego Maradona. Editorial Planeta (2006).

Libro *Parking the bus*. Autor Germán Castaños. Editorial LIBROFUTBOL.com (2020).

Printed in the USA
CPSIA information can be obtained
at www.ICGtesting.com
LVHW020535041023
760009LV00004B/345